MÉDÉE (1635)

Pierre Corneille

Hachette, Paris, 1862

© 2023 SHS Editions
Le portail des sciences humaines et sociales
Illustration de couverture : © domaine public
Edition : SHS éditions (Hérault, 34)
Contact : infos@culturea.fr
Imprimé en Allemagne par Books on Demand
In de Tarpen 42, Norderstedt.
Design typographique : Derek Murphy
Layout : Reedsy (https://reedsy.com/)
ISBN : 9791041921133
Dépôt légal : Avril 2023
Tous droits réservés pour tous pays

Notice
Épître
Examen

PERSONNAGES

Créon, roi de Corinthe.
Ægée, roi d'Athènes.
Jason, mari de Médée.
Pollux, argonaute, ami de Jason.
Créuse, fille de Créon.
Médée, femme de Jason,
Cléone, gouvernante de Créuse.
Nérine, suivante de Médée.
Theudas, domestique de Créon.
TROUPE DES GARDES DE CRÉON.

La scène est à Corinthe.

ACTE I.

Scène première.

Pollux, Jason.

POLLUX.

Que je sens à la fois de surprise et de joie !
Se peut-il qu'en ces lieux enfin je vous revoie[1],
Que Pollux dans Corinthe ait rencontré Jason ?

JASON.

Vous n'y pouviez venir en meilleure saison ;
Et pour vous rendre encor l'âme plus étonnée,
Préparez-vous à voir mon second hyménée[2].

POLLUX.

Quoi ! Médée est donc morte, ami ?

JASON.

                                          Non, elle vit ;
Mais un objet plus beau la chasse de mon lit[3].

POLLUX.

Dieux ! et que fera-t-elle ?

JASON.

                                  Et que fit Hypsipyle[4],
Que pousser les éclats d'un courroux inutile[5] ?
Elle jeta des cris, elle versa des pleurs,
Elle me souhaita mille et mille malheurs ;
Dit que j'étais sans foi, sans cœur, sans conscience[6],
Et lasse de le dire, elle prit patience.
Médée en son malheur en pourra faire autant :
Qu'elle soupire, pleure, et me nomme inconstant ;
Je la quitte à regret, mais je n'ai point d'excuse
Contre un pouvoir plus fort qui me donne à Créuse.

POLLUX.

Créuse est donc l'objet qui vous vient d'enflammer[7] ?
Je l'aurais deviné sans l'entendre nommer[8].
Jason ne fit jamais de communes maîtresses ;
Il est né seulement pour charmer les princesses,
Et haïrait l'amour, s'il avait sous sa loi[9]

Rangé de moindres cœurs que des filles de roi.
Hypsipyle à Lemnos, sur le Phase Médée,
Et Créuse à Corinthe, autant vaut, possédée,
Font bien voir qu'en tous lieux, sans le secours de Mars[10],
Les sceptres sont acquis à ses moindres regards.

JASON.

Aussi je ne suis pas de ces amants vulgaires ;
J'accommode ma flamme au bien de mes affaires ;
Et sous quelque climat que me jette le sort[11],
Par maxime d'État je me fais cet effort.
     Nous voulant à Lemnos rafraîchir dans la ville,
Qu'eussions-nous fait, Pollux, sans l'amour d'Hypsipyle ?
Et depuis à Colchos, que fit votre Jason,
Que cajoler Médée et gagner la toison ?

Alors, sans mon amour, qu'eût fait votre vaillance[12] ?
Eût-elle du dragon trompé la vigilance ?
Ce peuple que la terre enfantait tout armé,
Qui de vous l'eût défait, si Jason n'eût aimé ?
Maintenant qu'un exil m'interdit ma patrie,
Créuse est le sujet de mon idolâtrie ;
Et j'ai trouvé l'adresse, en lui faisant la cour[13],
De relever mon sort sur les ailes d'Amour.

POLLUX.

Que parlez-vous d'exil ? La haine de Pélie…

JASON.

Me fait, tout mort qu'il est, fuir de sa Thessalie.

POLLUX.

Il est mort !

JASON.

   Écoutez, et vous saurez comment
Son trépas seul m'oblige à cet éloignement[14].
  Après six ans passés, depuis notre voyage,
Dans les plus grands plaisirs qu'on goûte au mariage,
Mon père, tout caduc, émouvant ma pitié,
Je conjurai Médée, au nom de l'amitié…

POLLUX.

J'ai su comme son art, forçant les destinées,
Lui rendit la vigueur de ses jeunes années :
Ce fut, s'il m'en souvient, ici que je l'appris ;
D'où soudain un voyage en Asie entrepris
Fait que, nos deux séjours divisés par Neptune,
Je n'ai point su depuis quelle est votre fortune ;
Je n'en fais qu'arriver.

            Apprenez donc de moi
Le sujet qui m’oblige à lui manquer de foi.
   Malgré l’aversion d’entre nos deux familles,
De mon tyran Pélie elle gagne les filles[15],
Et leur feint de ma part tant d’outrages reçus,
Que ces faibles esprits sont aisément déçus.
Elle fait amitié, leur promet des merveilles,
Du pouvoir de son art leur remplit les oreilles ;
Et pour mieux leur montrer comme il est infini,
Leur étale surtout mon père rajeuni.
Pour épreuve elle égorge un bélier à leurs vues,
Le plonge en un bain d’eaux et d’herbes inconnues,
Lui forme un nouveau sang avec cette liqueur,
Et lui rend d’un agneau la taille et la vigueur.
Les sœurs crient miracle, et chacune ravie
Conçoit pour son vieux père une pareille envie,
Veut un effet pareil, le demande, et l’obtient ;
Mais chacune a son but. Cependant la nuit vient :
Médée, après le coup d’une si belle amorce[16],
Prépare de l’eau pure et des herbes sans force,
Redouble le sommeil des gardes et du roi :
La suite au seul récit me fait trembler d’effroi.
À force de pitié ces filles inhumaines
De leur père endormi vont épuiser les veines :
Leur tendresse crédule, à grands coups de couteau,

Prodigue ce vieux sang, et fait place au nouveau ;
Le coup le plus mortel s'impute à grand service ;
On nomme piété ce cruel sacrifice ;
Et l'amour paternel qui fait agir leurs bras
Croirait commettre un crime à n'en commettre pas.
Médée est éloquente à leur donner courage :
Chacune toutefois tourne ailleurs son visage ;
Une secrète horreur condamne leur dessein,
Et refuse leurs yeux à conduire leur main.

POLLUX.

À me représenter ce tragique spectacle,
Qui fait un parricide et promet un miracle,
J'ai de l'horreur moi-même, et ne puis concevoir
Qu'un esprit jusque-là se laisse décevoir.

JASON.

Ainsi mon père Eson recouvra sa jeunesse,
Mais oyez le surplus. Ce grand courage cesse ;
L'épouvante les prend ; Médée en raille, et fuit.
Le jour découvre à tous les crimes de la nuit ;
Et pour vous épargner un discours inutile,

Acaste, nouveau roi, fait mutiner la ville,
Nomme Jason l'auteur de cette trahison,
Et pour venger son père assiège ma maison.
Mais j'étais déjà loin, aussi bien que Médée ;
Et ma famille enfin à Corinthe abordée,
Nous saluons Créon, dont la bénignité
Nous promet contre Acaste un lieu de sûreté.
Que vous dirai-je plus ? mon bonheur ordinaire
M'acquiert les volontés de la fille et du père ;
Si bien que de tous deux également chéri,
L'un me veut pour son gendre, et l'autre pour mari.
D'un rival couronné les grandeurs souveraines,
La majesté d'Ægée, et le sceptre d'Athènes,
N'ont rien, à leur avis, de comparable à moi,
Et banni que je suis, je leur suis plus qu'un roi.
Je vois trop ce bonheur, mais je le dissimule ;
Et bien que pour Créuse un pareil feu me brûle,
Du devoir conjugal je combats mon amour,
Et je ne l'entretiens que pour faire ma cour.
Acaste cependant menace d'une guerre
Qui doit perdre Créon et dépeupler sa terre ;
Puis, changeant tout à coup ses résolutions,
Il propose la paix sous des conditions.
Il demande d'abord et Jason et Médée :
On lui refuse l'un, et l'autre est accordée ;
Je l'empêche, on débat, et je fais tellement,
Qu'enfin il se réduit à son bannissement.
De nouveau je l'empêche, et Créon me refuse ;

Et pour m'en consoler il m'offre sa Créuse.
Qu'eussé-je fait, Pollux, en cette extrémité
Qui commettait ma vie avec ma loyauté ?
Car sans doute à quitter l'utile pour l'honnête,
La paix allait se faire aux dépens de ma tête ;
Le mépris insolent des offres d'un grand roi
Aux mains d'un ennemi livrait Médée et moi.
Je l'eusse fait pourtant, si je n'eusse été père :
L'amour de mes enfants m'a fait l'âme légère ;
Ma perte était la leur ; et cet hymen nouveau
Avec Médée et moi les tire du tombeau :
Eux seuls m'ont fait résoudre, et la paix s'est conclue.

Pollux.

Bien que de tous côtés l'affaire résolue
Ne laisse aucune place aux conseils d'un ami,
Je ne puis toutefois l'approuver qu'à demi.
Sur quoi que vous fondiez un traitement si rude,
C'est montrer pour Médée un peu d'ingratitude ;
Ce qu'elle a fait pour vous est mal récompensé.
Il faut craindre après tout son courage offensé :
Vous savez mieux que moi ce que peuvent ses
charmes.

JASON.

Ce sont à sa fureur d'épouvantables armes ;
Mais son bannissement nous en va garantir.

POLLUX.

Gardez d'avoir sujet de vous en repentir.

JASON.

Quoi qu'il puisse arriver, ami, c'est chose faite.

POLLUX.

La termine le ciel comme je le souhaite !
Permettez cependant qu'afin de m'acquitter,
J'aille trouver le roi pour l'en féliciter.

JASON.

Je vous y conduirais, mais j'attends ma princesse
Qui va sortir du temple.

POLLUX.

                    Adieu : l'amour vous presse,
Et je serais marri qu'un soin officieux
Vous fît perdre pour moi des temps si précieux.

Scène II.

JASON.

Depuis que mon esprit est capable de flamme,
Jamais un trouble égal n'a confondu mon âme.
Mon cœur, qui se partage en deux affections,
Se laisse déchirer à mille passions.
Je dois tout à Médée, et je ne puis sans honte
Et d'elle et de ma foi tenir si peu de conte :

Je dois tout à Créon, et d'un si puissant roi
Je fais un ennemi, si je garde ma foi :
Je regrette Médée, et j'adore Créuse ;
Je vois mon crime en l'une, en l'autre mon excuse ;
Et dessus mon regret mes désirs triomphants
Ont encor le secours du soin de mes enfants.
Mais la princesse vient ; l'éclat d'un tel visage
Du plus constant du monde attirerait l'hommage,
Et semble reprocher à ma fidélité
D'avoir osé tenir contre tant de beauté.

Scène III.

Jason, Créuse, Cléone.

JASON.

Que votre zèle est long, et que d'impatience
Il donne à votre amant, qui meurt en votre absence !

CRÉUSE.

Je n'ai pas fait pourtant au ciel beaucoup de vœux ;
Ayant Jason à moi, j'ai tout ce que je veux.

JASON.

Et moi, puis-je espérer l'effet d'une prière
Que ma flamme tiendrait à faveur singulière ?
Au nom de notre amour, sauvez deux jeunes fruits
Que d'un premier hymen la couche m'a produits ;
Employez-vous pour eux, faites auprès d'un père
Qu'ils ne soient point compris en l'exil de leur mère ;
C'est lui seul qui bannit ces petits malheureux,
Puisque dans les traités il n'est point parlé d'eux.

CRÉUSE.

J'avais déjà pitié de leur tendre innocence,
Et vous y servirai de toute ma puissance,
Pourvu qu'à votre tour vous m'accordiez un point
Que jusques à tantôt je ne vous dirai point.

Jason.

Dites, et quel qu'il soit, que ma reine en dispose.

Créuse.

Si je puis sur mon père obtenir quelque chose,
Vous le saurez après ; je ne veux rien pour rien.

Cléone.

Vous pourrez au palais suivre cet entretien.
On ouvre chez Médée, ôtez-vous de sa vue ;
Vos présences rendraient sa douleur plus émue,
Et vous seriez marris que cet esprit jaloux
Mêlât son amertume à des plaisirs si doux.

Scène IV.

Médée.

Souverains protecteurs des lois de l'hyménée,
Dieux garants de la foi que Jason m'a donnée,
Vous qu'il prit à témoin d'une immortelle ardeur
Quand par un faux serment il vainquit ma pudeur,
Voyez de quel mépris vous traite son parjure,
Et m'aidez à venger cette commune injure :
S'il me peut aujourd'hui chasser impunément,
Vous êtes sans pouvoir ou sans ressentiment.
Et vous, troupe savante en noires barbaries,
Filles de l'Achéron, pestes, larves, Furies,
Fières sœurs, si jamais notre commerce étroit
Sur vous et vos serpents me donna quelque droit,
Sortez de vos cachots avec les mêmes flammes
Et les mêmes tourments dont vous gênez les âmes ;
Laissez-les quelque temps reposer dans leurs fers ;
Pour mieux agir pour moi faites trêve aux enfers.
Apportez-moi du fond des antres de Mégère
La mort de ma rivale, et celle de son père,
Et si vous ne voulez mal servir mon courroux,
Quelque chose de pis pour mon perfide époux :
Qu'il coure vagabond de province en province,
Qu'il fasse lâchement la cour à chaque prince ;
Banni de tous côtés, sans bien et sans appui,
Accablé de frayeur, de misère, d'ennui,
Qu'à ses plus grands malheurs aucun ne compatisse ;

Qu'il ait regret à moi pour son dernier supplice ;
Et que mon souvenir jusque dans le tombeau
Attache à son esprit un éternel bourreau.
Jason me répudie ! et qui l'aurait pu croire ?
S'il a manqué d'amour, manque-t-il de mémoire ?
Me peut-il bien quitter après tant de bienfaits ?
M'ose-t-il bien quitter après tant de forfaits ?
Sachant ce que je puis, ayant vu ce que j'ose,
Croit-il que m'offenser ce soit si peu de chose ?
Quoi ! mon père trahi, les éléments forcés,
D'un frère dans la mer les membres dispersés,
Lui font-ils présumer mon audace épuisée ?
Lui font-ils présumer qu'à mon tour méprisée,
Ma rage contre lui n'ait par où s'assouvir,
Et que tout mon pouvoir se borne à le servir ?
Tu t'abuses, Jason, je suis encor moi-même.
Tout ce qu'en ta faveur fit mon amour extrême,
Je le ferai par haine ; et je veux pour le moins
Qu'un forfait nous sépare, ainsi qu'il nous a joints ;
Que mon sanglant divorce, en meurtres, en carnage,
S'égale aux premiers jours de notre mariage,
Et que notre union, que rompt ton changement,
Trouve une fin pareille à son commencement.
Déchirer par morceaux l'enfant aux yeux du père
N'est que le moindre effet qui suivra ma colère ;
Des crimes si légers furent mes coups d'essai :
Il faut bien autrement montrer ce que je sai ;
Il faut faire un chef-d'œuvre, et qu'un dernier

ouvrage

Surpasse de bien loin ce faible apprentissage.

Mais pour exécuter tout ce que j'entreprends,

Quels dieux me fourniront des secours assez grands ?

Ce n'est plus vous, enfers, qu'ici je sollicite :

Vos feux sont impuissants pour ce que je médite.

Auteur de ma naissance, aussi bien que du jour,

Qu'à regret tu dépars à ce fatal séjour,

Soleil, qui vois l'affront qu'on va faire à ta race,

Donne-moi tes chevaux à conduire en ta place :

Accorde cette grâce à mon désir bouillant.

Je veux choir sur Corinthe avec ton char brûlant :

Mais ne crains pas de chute à l'univers funeste ;

Corinthe consumé garantira le reste ;

De mon juste courroux les implacables vœux

Dans ses odieux murs arrêteront tes feux.

Créon en est le prince, et prend Jason pour gendre :

C'est assez mériter d'être réduit en cendre,

D'y voir réduit tout l'isthme, afin de l'en punir,

Et qu'il n'empêche plus les deux mers de s'unir.

Scène V.

Médée, Nérine.

MÉDÉE.

Et bien ! Nérine, à quand, à quand cet hyménée ?
En ont-ils choisi l'heure ? en sais-tu la journée ?
N'en as-tu rien appris ? n'as-tu point vu Jason ?
N'appréhende-t-il rien après sa trahison ?
Croit-il qu'en cet affront je m'amuse à me plaindre ?
S'il cesse de m'aimer, qu'il commence à me craindre.
Il verra, le perfide, à quel comble d'horreur
De mes ressentiments peut monter la fureur.

NÉRINE.

Modérez les bouillons de cette violence,
Et laissez déguiser vos douleurs au silence.
Quoi ! madame, est-ce ainsi qu'il faut dissimuler ?
Et faut-il perdre ainsi des menaces en l'air ?
Les plus ardents transports d'une haine connue
Ne sont qu'autant d'éclairs avortés dans la nue,
Qu'autant d'avis à ceux que vous voulez punir,
Pour repousser vos coups, ou pour les prévenir.
Qui peut sans s'émouvoir supporter une offense,
Peut mieux prendre à son point le temps de sa vengeance ;
Et sa feinte douceur, sous un appas mortel,

20

Mène insensiblement sa victime à l'autel.

MÉDÉE.

Tu veux que je me taise et que je dissimule !
Nérine, porte ailleurs ce conseil ridicule :
L'âme en est incapable en de moindres malheurs,
Et n'a point où cacher de pareilles douleurs.
Jason m'a fait trahir mon pays et mon père,
Et me laisse au milieu d'une terre étrangère,
Sans support, sans amis, sans retraite, sans bien,
La fable de son peuple et la haine du mien :
Nérine, après cela tu veux que je me taise !
Ne dois-je point encore en témoigner de l'aise,
De ce royal hymen souhaiter l'heureux jour,
Et forcer tous mes soins à servir son amour ?

NÉRINE.

Madame, pensez mieux à l'éclat que vous faites.
Quelque juste qu'il soit, regardez où vous êtes ;
Considérez qu'à peine un esprit plus remis
Vous tient en sûreté parmi vos ennemis.

MÉDÉE.

L'âme doit se roidir plus elle est menacée,
Et contre la fortune aller tête baissée,
La choquer hardiment, et sans craindre la mort
Se présenter de front à son plus rude effort.
Cette lâche ennemie a peur des grands courages,
Et sur ceux qu'elle abat redouble ses outrages.

NÉRINE.

Que sert ce grand courage où l'on est sans pouvoir ?

MÉDÉE.

Il trouve toujours lieu de se faire valoir.

NÉRINE.

Forcez l'aveuglement dont vous êtes séduite,
Pour voir en quel état le sort vous a réduite.
Votre pays vous hait, votre époux est sans foi :
Dans un si grand revers que vous reste-t-il ?

Médée.

Moi,
Moi, dis-je, et c'est assez.

Nérine.

Quoi ! vous seule,
madame ?

Médée.

Oui, tu vois en moi seule et le fer et la flamme,
Et la terre, et la mer, et l'enfer, et les cieux,
Et le sceptre des rois, et le foudre des dieux.

Nérine.

L'impétueuse ardeur d'un courage sensible
À vos ressentiments figure tout possible :
Mais il faut craindre un roi fort de tant de sujets.

Médée.

Mon père, qui l'était, rompit-il mes projets ?

Nérine.

Non ; mais il fut surpris, et Créon se défie.
Fuyez, qu'à ses soupçons il ne vous sacrifie.

Médée.

Las ! je n'ai que trop fui ; cette infidélité
D'un juste châtiment punit ma lâcheté.
Si je n'eusse point fui pour la mort de Pélie,

Si j'eusse tenu bon dedans la Thessalie,
Il n'eût point vu Créuse, et cet objet nouveau
N'eût point de notre hymen étouffé le flambeau.

NÉRINE.

Fuyez encor, de grâce.

MÉDÉE.

         Oui, je fuirai, Nérine ;
Mais, avant, de Créon on verra la ruine.
Je brave la fortune, et toute sa rigueur
En m'ôtant un mari ne m'ôte pas le cœur ;
Sois seulement fidèle, et sans te mettre en peine,
Laisse agir pleinement mon savoir et ma haine.

NÉRINE, seule.

Madame… Elle me quitte au lieu de m'écouter,
Ces violents transports la vont précipiter,
D'une trop juste ardeur l'inexorable envie

25

Lui fait abandonner le souci de sa vie.
Tâchons encore un coup d'en divertir le cours.
Apaiser sa fureur, c'est conserver ses jours.

FIN DU PREMIER ACTE.

ACTE II.

Scène première.

Médée, Nérine.

NÉRINE.

Bien qu'un péril certain suive votre entreprise,
Assurez-vous sur moi, je vous suis toute acquise ;
Employez mon service aux flammes, au poison,
Je ne refuse rien ; mais épargnez Jason.

Votre aveugle vengeance une fois assouvie,
Le regret de sa mort vous coûterait la vie ;
Et les coups violents d'un rigoureux ennui…

Médée.

Cesse de m'en parler et ne crains rien pour lui :
Ma fureur jusque-là n'oserait me séduire ;
Jason m'a trop coûté pour le vouloir détruire ;
Mon courroux lui fait grâce, et ma première ardeur
Soutient son intérêt au milieu de mon cœur.
Je crois qu'il m'aime encore, et qu'il nourrit en l'âme
Quelques restes secrets d'une si belle flamme,
Qu'il ne fait qu'obéir aux volontés d'un roi
Qui l'arrache à Médée en dépit de sa foi.
Qu'il vive, et s'il se peut, que l'ingrat me demeure ;
Sinon, ce m'est assez que sa Créuse meure ;
Qu'il vive cependant, et jouisse du jour
Que lui conserve encor mon immuable amour.
Créon seul et sa fille ont fait la perfidie !
Eux seuls termineront toute la tragédie ;
Leur perte achèvera cette fatale paix.

Nérine.

Contenez-vous, madame ; il sort de son palais.

Scène II.

Créon, Médée, Nérine, soldats.

CRÉON.

Quoi ! je te vois encore ! Avec quelle impudence
Peux-tu, sans t'effrayer, soutenir ma présence ?
Ignores-tu l'arrêt de ton bannissement ?
Fais-tu si peu de cas de mon commandement ?
Voyez comme elle s'enfle et d'orgueil et d'audace !
Ses yeux ne sont que feu ; ses regards, que menace !
Gardes, empêchez-la de s'approcher de moi.
Va, purge mes États d'un monstre tel que toi ;
Délivre mes sujets et moi-même de crainte.

MÉDÉE.

De quoi m'accuse-t-on ? Quel crime, quelle plainte
Pour mon bannissement vous donne tant d'ardeur ?

CRÉON.

Ah ! l'innocence même, et la même candeur !
Médée est un miroir de vertu signalée :
Quelle inhumanité de l'avoir exilée !
Barbare, as-tu si tôt oublié tant d'horreurs ?
Repasse tes forfaits, repasse tes erreurs,
Et de tant de pays nomme quelque contrée
Dont tes méchancetés te permettent l'entrée.
Toute la Thessalie en armes te poursuit ;
Ton père te déteste, et l'univers te fuit :
Me dois-je en ta faveur charger de tant de haines,
Et sur mon peuple et moi faire tomber tes peines ?
Va pratiquer ailleurs tes noires actions ;
J'ai racheté la paix à ces conditions.

MÉDÉE.

Lâche paix, qu'entre vous, sans m'avoir écoutée,
Pour m'arracher mon bien vous avez complotée !
Paix, dont le déshonneur vous demeure éternel !

29

Quiconque sans l'ouïr condamne un criminel,
Son crime eût-il cent fois mérité le supplice,
D'un juste châtiment il fait une injustice.

CRÉON.

Au regard de Pélie, il fut bien mieux traité ;
Avant que l'égorger tu l'avais écouté ?

MÉDÉE.

Ecouta-t-il Jason, quand sa haine couverte
L'envoya sur nos bords se livrer à sa perte ?
Car comment voulez-vous que je nomme un dessein
Au-dessus de sa force et du pouvoir humain ?
Apprenez quelle était cette illustre conquête,
Et de combien de morts j'ai garanti sa tête.
Il fallait mettre au joug deux taureaux furieux ;
Des tourbillons de feux s'élançaient de leurs yeux,
Et leur maître Vulcain poussait par leur haleine
Un long embrasement dessus toute la plaine ;
Eux domptés, on entrait en de nouveaux hasards ;
Il fallait labourer les tristes champs de Mars,
Et des dents d'un serpent ensemencer leur terre,

Dont la stérilité, fertile pour la guerre,
Produisait à l'instant des escadrons armés
Contre la même main qui les avait semés.
Mais, quoi qu'eût fait contre eux une valeur parfaite,
La toison n'était pas au bout de leur défaite :
Un dragon, enivré des plus mortels poisons
Qu'enfantent les péchés de toutes les saisons,
Vomissant mille traits de sa gorge enflammée,
La gardait beaucoup mieux que toute cette armée ;
Jamais étoile, lune, aurore, ni soleil,
Ne virent abaisser sa paupière au sommeil :
Je l'ai seule assoupi ; seule, j'ai par mes charmes
Mis au joug les taureaux, et défait les gendarmes.
Si lors à mon devoir mon désir limité
Eût conservé ma gloire et ma fidélité,
Si j'eusse eu de l'horreur de tant d'énormes fautes,
Que devenait Jason, et tous vos Argonautes ?
Sans moi, ce vaillant chef, que vous m'avez ravi,
Fût péri le premier, et tous l'auraient suivi.
Je ne me repens point d'avoir par mon adresse
Sauvé le sang des dieux et la fleur de la Grèce :
Zéthès, et Calaïs, et Pollux, et Castor,
Et le charmant Orphée, et le sage Nestor,
Tous vos héros enfin tiennent de moi la vie ;
Je vous les verrai tous posséder sans envie :
Je vous les ai sauvés, je vous les cède tous ;
Je n'en veux qu'un pour moi, n'en soyez point jaloux.
Pour de si bons effets laissez-moi l'infidèle :

Il est mon crime seul, si je suis criminelle ;
Aimer cet inconstant, c'est tout ce que j'ai fait :
Si vous me punissez, rendez-moi mon forfait.
Est-ce user comme il faut d'un pouvoir légitime,
Que me faire coupable et jouir de mon crime ?

CRÉON.

Va te plaindre à Colchos.

MÉDÉE.

                        Le retour m'y plaira.
Que Jason m'y remette ainsi qu'il m'en tira :
Je suis prête à partir sous la même conduite
Qui de ces lieux aimés précipita ma fuite.
Ô d'un injuste affront les coups les plus cruels !
Vous faites différence entre deux criminels !
Vous voulez qu'on l'honore, et que de deux complices
L'un ait votre couronne, et l'autre des supplices !

Créon.

Cesse de plus mêler ton intérêt au sien.
Ton Jason, pris à part, est trop homme de bien :
Le séparant de toi, sa défense est facile ;
Jamais il n'a trahi son père ni sa ville ;
Jamais sang innocent n'a fait rougir ses mains ;
Jamais il n'a prêté son bras à tes desseins ;
Son crime, s'il en a, c'est de t'avoir pour femme.
Laisse-le s'affranchir d'une honteuse flamme ;
Rends-lui son innocence en t'éloignant de nous ;
Porte en d'autres climats ton insolent courroux ;
Tes herbes, tes poisons, ton cœur impitoyable,
Et tout ce qui jamais a fait Jason coupable.

Médée.

Peignez mes actions plus noires que la nuit ;
Je n'en ai que la honte, il en a tout le fruit ;
Ce fut en sa faveur que ma savante audace
Immola son tyran par les mains de sa race ;
Joignez-y mon pays et mon frère : il suffit
Qu'aucun de tant de maux ne va qu'à son profit.
Mais vous les saviez tous quand vous m'avez reçue ;
Votre simplicité n'a point été déçue :

En ignoriez-vous un quand vous m'avez promis
Un rempart assuré contre mes ennemis ?
Ma main, saignante encor du meurtre de Pélie,
Soulevait contre moi toute la Thessalie,
Quand votre cœur, sensible à la compassion,
Malgré tous mes forfaits, prit ma protection.
Si l'on me peut depuis imputer quelque crime,
C'est trop peu que l'exil, ma mort est légitime :
Sinon, à quel propos me traitez-vous ainsi ?
Je suis coupable ailleurs, mais innocente ici.

CRÉON.

Je ne veux plus ici d'une telle innocence,
Ni souffrir en ma cour ta fatale présence.
Va…

MÉDÉE.

Dieux justes, vengeurs…

CRÉON.

Va, dis-je, en d'autres lieux
Par tes cris importuns solliciter les dieux.
Laisse-nous tes enfants : je serais trop sévère,
Si je les punissais des crimes de leur mère ;
Et bien que je le pusse avec juste raison,
Ma fille les demande en faveur de Jason.

MÉDÉE.

Barbare humanité, qui m'arrache à moi-même,
Et feint de la douceur pour m'ôter ce que j'aime !
Si Jason et Créuse ainsi l'ont ordonné,
Qu'ils me rendent le sang que je leur ai donné.

CRÉON.

Ne me réplique plus, suis la loi qui t'est faite ;
Prépare ton départ, et pense à ta retraite.
Pour en délibérer, et choisir le quartier,
De grâce ma bonté te donne un jour entier.

MÉDÉE.

Quelle grâce !

CRÉON.

Soldats, remettez-la chez elle ;
Sa contestation deviendrait éternelle.
(Médée rentre, et Créon continue.)
Quel indomptable esprit ! quel arrogant maintien
Accompagnait l'orgueil d'un si long entretien !
A-t-elle rien fléchi de son humeur altière ?
A-t-elle pu descendre à la moindre prière ?
Et le sacré respect de ma condition
En a-t-il arraché quelque soumission ?

Scène III.

Créon, Jason, Créuse, Cléone, soldats.

CRÉON.

Te voilà sans rivale, et mon pays sans guerres,
Ma fille : c'est demain qu'elle sort de nos terres.
Nous n'avons désormais que craindre de sa part ;
Acaste est satisfait d'un si proche départ ;
Et si tu peux calmer le courage d'Ægée,
Qui voit par notre choix son ardeur négligée,
Fais état que demain nous assure à jamais
Et dedans et dehors une profonde paix.

Je ne crois pas, seigneur, que ce vieux roi d'Athènes,
Voyant aux mains d'autrui le fruit de tant de peines,
Mêle tant de faiblesse à son ressentiment,
Que son premier courroux se dissipe aisément.
J'espère toutefois qu'avec un peu d'adresse
Je pourrai le résoudre à perdre une maîtresse
Dont l'âge peu sortable et l'inclination
Répondaient assez mal à son affection.

JASON.

Il doit vous témoigner par son obéissance
Combien sur son esprit vous avez de puissance ;
Et s'il s'obstine à suivre un injuste courroux,
Nous saurons, ma princesse, en rabattre les coups ;
Et nos préparatifs contre la Thessalie
Ont trop de quoi punir sa flamme et sa folie.

CRÉON.

Nous n'en viendrons pas là : regarde seulement
À le payer d'estime et de remerciement.
Je voudrais pour tout autre un peu de raillerie ;
Un vieillard amoureux mérite qu'on en rie :
Mais le trône soutient la majesté des rois
Au-dessus du mépris, comme au-dessus des lois.
On doit toujours respect au sceptre, à la couronne.
Remets tout, si tu veux, aux ordres que je donne ;
Je saurai l'apaiser avec facilité,
Si tu ne te défends qu'avec civilité.

Scène IV.

Jason, Créuse, Cléone.

Jason.

Que ne vous dois-je point pour cette préférence,
Où mes désirs n'osaient porter mon espérance !
C'est bien me témoigner un amour infini,
De mépriser un roi pour un pauvre banni !
À toutes ses grandeurs préférer ma misère !
Tourner en ma faveur les volontés d'un père !
Garantir mes enfants d'un exil rigoureux !

Créuse.

Qu'a pu faire de moindre un courage amoureux ?
La fortune a montré dedans votre naissance
Un trait de son envie, ou de son impuissance ;
Elle devait un sceptre au sang dont vous naissez,
Et sans lui vos vertus le méritaient assez.
L'amour, qui n'a pu voir une telle injustice,
Supplée à son défaut, ou punit sa malice,
Et vous donne, au plus fort de vos adversités,
Le sceptre que j'attends, et que vous méritez.
La gloire m'en demeure ; et les races futures,
Comptant notre hyménée entre vos aventures,
Vanteront à jamais mon amour généreux,

Qui d'un si grand héros rompt le sort malheureux.
Après tout, cependant, riez de ma faiblesse ;
Prête de posséder le phénix de la Grèce,
La fleur de nos guerriers, le sang de tant de dieux,
La robe de Médée a donné dans mes yeux ;
Mon caprice, à son lustre attachant mon envie,
Sans elle trouve à dire au bonheur de ma vie ;
C'est ce qu'ont prétendu mes desseins relevés,
Pour le prix des enfants que je vous ai sauvés.

JASON.

Que ce prix est léger pour un si bon office !
Il y faut toutefois employer l'artifice :
Ma jalouse en fureur n'est pas femme à souffrir
Que ma main l'en dépouille afin de vous l'offrir ;
Des trésors dont son père épuise la Scythie,
C'est tout ce qu'elle a pris quand elle en est sortie.

CRÉUSE.

Qu'elle a fait un beau choix ! jamais éclat pareil
Ne sema dans la nuit les clartés du soleil ;
Les perles avec l'or confusément mêlées,

Mille pierres de prix sur ses bords étalées,
D'un mélange divin éblouissent les yeux ;
Jamais rien d'approchant ne se fit en ces lieux.
Pour moi, tout aussitôt que je l'en vis parée,
Je ne fis plus d'état de la toison dorée ;
Et dussiez-vous vous-même en être un peu jaloux,
J'en eus presques envie aussitôt que de vous.
Pour apaiser Médée et réparer sa perte,
L'épargne de mon père entièrement ouverte
Lui met à l'abandon tous les trésors du roi,
Pourvu que cette robe et Jason soient à moi.

JASON.

N'en doutez point, ma reine, elle vous est acquise.
Je vais chercher Nérine, et par son entremise
Obtenir de Médée avec dextérité
Ce que refuserait son courage irrité.
Pour elle, vous savez que j'en fuis les approches,
J'aurais peine à souffrir l'orgueil de ses reproches ;
Et je me connais mal, ou dans notre entretien
Son courroux s'allumant allumerait le mien.
Je n'ai point un esprit complaisant à sa rage,
Jusques à supporter sans réplique un outrage ;
Et ce seraient pour moi d'éternels déplaisirs
De reculer par là l'effet de vos désirs.

Mais sans plus de discours, d'une maison voisine
Je vais prendre le temps que sortira Nérine.
Souffrez, pour avancer votre contentement,
Que malgré mon amour je vous quitte un moment.

CLÉONE.

Madame, j'aperçois venir le roi d'Athènes.

CRÉUSE.

Allez donc, votre vue augmenterait ses peines.

CLÉONE.

Souvenez-vous de l'air dont il le faut traiter.

CRÉUSE.

Ma bouche accortement saura s'en acquitter.

Scène V.

Ægée, Créuse, Cléone.

ÆGÉE.

Sur un bruit qui m'étonne, et que je ne puis croire,
Madame, mon amour, jaloux de votre gloire,
Vient savoir s'il est vrai que vous soyez d'accord,
Par un honteux hymen, de l'arrêt de ma mort.
Votre peuple en frémit, votre cour en murmure ;
Et tout Corinthe enfin s'impute à grande injure
Qu'un fugitif, un traître, un meurtrier de rois,
Lui donne à l'avenir des princes et des lois ;
Il ne peut endurer que l'horreur de la Grèce
Pour prix de ses forfaits épouse sa princesse,
Et qu'il faille ajouter à vos titres d'honneur :
« Femme d'un assassin et d'un empoisonneur. »

CRÉUSE.

Laissez agir, grand roi, la raison sur votre âme,
Et ne le chargez point des crimes de sa femme.
J'épouse un malheureux, et mon père y consent,
Mais prince, mais vaillant, et surtout innocent.
Non pas que je ne faille en cette préférence ;
De votre rang au sien je sais la différence :
Mais si vous connaissez l'amour et ses ardeurs,
Jamais pour son objet il ne prend les grandeurs ;
Avouez que son feu n'en veut qu'à la personne,
Et qu'en moi vous n'aimiez rien moins que ma couronne.
    Souvent je ne sais quoi qu'on ne peut exprimer
Nous surprend, nous emporte, et nous force d'aimer ;
Et souvent, sans raison, les objets de nos flammes
Frappent nos yeux ensemble et saisissent nos âmes.
Ainsi nous avons vu le souverain des dieux,
Au mépris de Junon, aimer en ces bas lieux,
Vénus quitter son Mars et négliger sa prise,
Tantôt pour Adonis, et tantôt pour Anchise ;
Et c'est peut-être encore avec moins de raison
Que, bien que vous m'aimiez, je me donne à Jason.
D'abord dans mon esprit vous eûtes ce partage :
Je vous estimai plus, et l'aimai davantage.

ÆGÉE.

44

Gardez ces compliments pour de moins enflammés,
Et ne m'estimez point qu'autant que vous m'aimez.
Que me sert cet aveu d'une erreur volontaire ?
Si vous croyez faillir, qui vous force à le faire ?
N'accusez point l'amour ni son aveuglement ;
Quand on connaît sa faute, on manque doublement.

CRÉUSE.

Puis donc que vous trouvez la mienne inexcusable,
Je ne veux plus, seigneur, me confesser coupable.
    L'amour de mon pays et le bien de l'État
Me défendaient l'hymen d'un si grand potentat.
Il m'eût fallu soudain vous suivre en vos provinces,
Et priver mes sujets de l'aspect de leurs princes.
Votre sceptre pour moi n'est qu'un pompeux exil ;
Que me sert son éclat ? et que me donne-t-il ?
M'élève-t-il d'un rang plus haut que souveraine ?
Et sans le posséder ne me vois-je pas reine ?
Grâces aux immortels, dans ma condition
J'ai de quoi m'assouvir de cette ambition :
Je ne veux point changer mon sceptre contre un
autre ;
Je perdrais ma couronne en acceptant la vôtre.
Corinthe est bon sujet, mais il veut voir son roi,

45

Et d'un prince éloigné rejetterait la loi.
Joignez à ces raisons qu'un père un peu sur l'âge,
Dont ma seule présence adoucit le veuvage,
Ne saurait se résoudre à séparer de lui
De ses débiles ans l'espérance et l'appui,
Et vous reconnaîtrez que je ne vous préfère
Que le bien de l'État, mon pays et mon père.
Voilà ce qui m'oblige au choix d'un autre époux ;
Mais comme ces raisons font peu d'effet sur vous,
Afin de redonner le repos à votre âme,
Souffrez que je vous quitte.

ÆGÉE, *seul.*

                    Allez, allez, madame,
Étaler vos appas et vanter vos mépris
À l'infâme sorcier qui charme vos esprits.
De cette indignité faites un mauvais conte ;
Riez de mon ardeur, riez de votre honte ;
Favorisez celui de tous vos courtisans
Qui raillera le mieux le déclin de mes ans ;
Vous jouirez fort peu d'une telle insolence ;
Mon amour outragé court à la violence ;
Mes vaisseaux à la rade, assez proches du port,
N'ont que trop de soldats à faire un coup d'effort.
La jeunesse me manque, et non pas le courage :

Les rois ne perdent point les forces avec l'âge ;
Et l'on verra, peut-être avant ce jour fini,
Ma passion vengée, et votre orgueil puni.

ACTE III.

Scène première.

Nérine.

Malheureux instrument du malheur qui nous presse,
Que j'ai pitié de toi, déplorable princesse !
Avant que le soleil ait fait encore un tour,
Ta perte inévitable achève ton amour.
Ton destin te trahit, et ta beauté fatale

Sous l'appas d'un hymen t'expose à ta rivale ;
Ton sceptre est impuissant à vaincre son effort ;
Et le jour de sa fuite est celui de ta mort.
Sa vengeance à la main elle n'a qu'à résoudre,
Un mot du haut des cieux fait descendre le foudre,
Les mers, pour noyer tout, n'attendent que sa loi ;
La terre offre à s'ouvrir sous le palais du roi ;
L'air tient les vents tout prêts à suivre sa colère,
Tant la nature esclave a peur de lui déplaire ;
Et si ce n'est assez de tous les éléments,
Les enfers vont sortir à ses commandements.
Moi, bien que mon devoir m'attache à son service,
Je lui prête à regret un silence complice :
D'un louable désir mon cœur sollicité
Lui ferait avec joie une infidélité :
Mais loin de s'arrêter, sa rage découverte,
À celle de Créuse ajouterait ma perte ;
Et mon funeste avis ne servirait de rien
Qu'à confondre mon sang dans les bouillons du sien.
D'un mouvement contraire à celui de mon âme,
La crainte de la mort m'ôte celle du blâme ;
Et ma timidité s'efforce d'avancer
Ce que hors du péril je voudrais traverser.

Scène II.

Jason, Nérine.

JASON.

Nérine, eh bien, que dit, que fait notre exilée ?
Dans ton cher entretien s'est-elle consolée ?
Veut-elle bien céder à la nécessité ?

NÉRINE.

Je trouve en son chagrin moins d'animosité ;
De moment en moment son âme plus humaine
Abaisse sa colère, et rabat de sa haine :
Déjà son déplaisir ne vous veut plus de mal.

JASON.

Fais-lui prendre pour tous un sentiment égal.
Toi, qui de mon amour connaissais la tendresse,
Tu peux connaître aussi quelle douleur me presse.
Je me sens déchirer le cœur à son départ :
Créuse en ses malheurs prend même quelque part,
Ses pleurs en ont coulé ; Créon même soupire,

Lui préfère à regret le bien de son empire
Et si dans son adieu son cœur moins irrité
En voulait mériter la libéralité ;
Si jusque-là Médée apaisait ses menaces,
Qu'elle eût soin de partir avec ses bonnes grâces,
Je sais (comme il est bon) que ses trésors ouverts
Lui seraient sans réserve entièrement offerts,
Et malgré les malheurs où le sort l'a réduite,
Soulageraient sa peine et soutiendraient sa fuite.

NÉRINE.

Puisqu'il faut se résoudre à ce bannissement,
Il faut en adoucir le mécontentement.
Cette offre y peut servir ; et par elle j'espère,
Avec un peu d'adresse, apaiser sa colère
Mais, d'ailleurs, toutefois n'attendez rien de moi,
S'il faut prendre congé de Créuse et du roi ;
L'objet de votre amour et de sa jalousie
De toutes ses fureurs l'aurait tôt ressaisie.

JASON.

50

Pour montrer sans les voir son courage apaisé,
Je te dirai, Nérine, un moyen fort aisé ;
Et de si longue main je connais ta prudence,
Que je t'en fais sans peine entière confidence.
Créon bannit Médée, et ses ordres précis
Dans son bannissement enveloppaient ses fils :
La pitié de Créuse a tant fait vers son père,
Qu'ils n'auront point de part au malheur de leur
mère.
Elle lui doit par eux quelque remerciement ;
Qu'un présent de sa part suive leur compliment :
Sa robe, dont l'éclat sied mal à sa fortune,
Et n'est à son exil qu'une charge importune,
Lui gagnerait le cœur d'un prince libéral,
Et de tous ses trésors l'abandon général.
D'une vaine parure, inutile à sa peine,
Elle peut acquérir de quoi faire la reine :
Créuse, ou je me trompe, en a quelque désir,
Et je ne pense pas qu'elle pût mieux choisir.
Mais la voici qui sort ; souffre que je l'évite :
Ma rencontre la trouble, et mon aspect l'irrite.

Scène III.

Médée, Jason, Nérine.

Médée.

Ne fuyez pas, Jason, de ces funestes lieux.
C'est à moi d'en partir : recevez mes adieux.
Accoutumée à fuir, l'exil m'est peu de chose ;
Sa rigueur n'a pour moi de nouveau que sa cause.
C'est pour vous que j'ai fui, c'est vous qui me chassez.
Où me renvoyez-vous, si vous me bannissez ?
Irai-je sur le Phase, où j'ai trahi mon père,
Apaiser de mon sang les mânes de mon frère ?
Irai-je en Thessalie, où le meurtre d'un roi
Pour victime aujourd'hui ne demande que moi ?
Il n'est point de climat dont mon amour fatale
N'ait acquis à mon nom la haine générale ;
Et ce qu'ont fait pour vous mon savoir et ma main
M'a fait un ennemi de tout le genre humain.
Ressouviens-t'en, ingrat ; remets-toi dans la plaine
Que ces taureaux affreux brûlaient de leur haleine ;
Revois ce champ guerrier dont les sacrés sillons
Elevaient contre toi de soudains bataillons ;
Ce dragon qui jamais n'eut les paupières closes
Et lors préfère-moi Créuse, si tu l'oses.
Qu'ai-je épargné depuis qui fût en mon pouvoir ?
Ai-je auprès de l'amour écouté mon devoir ?
Pour jeter un obstacle à l'ardente poursuite
Dont mon père en fureur touchait déjà ta fuite,

Semai-je avec regret mon frère par morceaux ?
À ce funeste objet épandu sur les eaux,
Mon père trop sensible aux droits de la nature,
Quitta tous autres soins que de sa sépulture ;
Et par ce nouveau crime émouvant sa pitié,
J'arrêtai les effets de son inimitié.
Prodigue de mon sang, honte de ma famille,
Aussi cruelle sœur que déloyale fille,
Ces titres glorieux plaisaient à mes amours ;
Je les pris sans horreur pour conserver tes jours.
Alors, certes, alors mon mérite était rare ;
Tu n'étais point honteux d'une femme barbare.
Quand à ton père usé je rendis la vigueur,
J'avais encor tes vœux, j'étais encor ton cœur ;
Mais cette affection mourant avec Pélie,
Dans le même tombeau se vit ensevelie :
L'ingratitude en l'âme et l'impudence au front,
Une Scythe en ton lit te fut lors un affront ;
Et moi, que tes désirs avaient tant souhaitée,
Le dragon assoupi, la toison emportée,
Ton tyran massacré, ton père rajeuni,
Je devins un objet digne d'être banni.
Tes desseins achevés, j'ai mérité ta haine,
Il t'a fallu sortir d'une honteuse chaîne,
Et prendre une moitié qui n'a rien plus que moi,
Que le bandeau royal que j'ai quitté pour toi.

JASON.

Ah ! que n'as-tu des yeux à lire dans mon âme,
Et voir les purs motifs de ma nouvelle flamme !
Les tendres sentiments d'un amour paternel
Pour sauver mes enfants me rendent criminel,
Si l'on peut nommer crime un malheureux divorce,
Où le soin que j'ai d'eux me réduit et me force.
Toi-même, furieuse, ai-je peu fait pour toi
D'arracher ton trépas aux vengeances d'un roi ?
Sans moi ton insolence allait être punie ;
À ma seule prière on ne t'a que bannie.
C'est rendre la pareille à tes grands coups d'effort :
Tu m'as sauvé la vie, et j'empêche ta mort.

MÉDÉE.

On ne m'a que bannie ! ô bonté souveraine !
C'est donc une faveur, et non pas une peine !
Je reçois une grâce au lieu d'un châtiment !
Et mon exil encor doit un remerciement !
Ainsi l'avare soif du brigand assouvie,
Il s'impute à pitié de nous laisser la vie ;
Quand il n'égorge point, il croit nous pardonner,

Et ce qu'il n'ôte pas, il pense le donner.

Jason.

Tes discours, dont Créon de plus en plus s'offense,
Le forceraient enfin à quelque violence.
Eloigne-toi d'ici tandis qu'il t'est permis :
Les rois ne sont jamais de faibles ennemis.

Médée.

À travers tes conseils je vois assez ta ruse ;
Ce n'est là m'en donner qu'en faveur de Créuse.
Ton amour, déguisé d'un soin officieux,
D'un objet importun veut délivrer ses yeux.

Jason.

N'appelle point amour un change inévitable,
Où Créuse fait moins que le sort qui m'accable.

MÉDÉE.

Peux-tu bien, sans rougir, désavouer tes feux ?

JASON.

Eh bien, soit ; ses attraits captivent tous mes vœux :
Toi, qu'un amour furtif souilla de tant de crimes,
M'oses-tu reprocher des ardeurs légitimes ?

MÉDÉE.

Oui, je te les reproche, et de plus…

JASON.

Quels forfaits ?

MÉDÉE.

La trahison, le meurtre, et tous ceux que j'ai faits.

JASON.

Il manque encor ce point à mon sort déplorable,
Que de tes cruautés on me fasse coupable.

MÉDÉE.

Tu présumes en vain de t'en mettre à couvert ;
Celui-là fait le crime à qui le crime sert.
Que chacun, indigné contre ceux de ta femme,
La traite en ses discours de méchante et d'infâme,
Toi seul, dont ses forfaits ont fait tout le bonheur,
Tiens-la pour innocente et défends son honneur.

JASON.

J'ai honte de ma vie, et je hais son usage,
Depuis que je la dois aux effets de ta rage.

57

MÉDÉE.

La honte généreuse, et la haute vertu !
Puisque tu la hais tant, pourquoi la gardes-tu ?

JASON.

Au bien de nos enfants, dont l'âge faible et tendre
Contre tant de malheurs ne saurait se défendre :
Deviens en leur faveur d'un naturel plus doux.

MÉDÉE.

Mon âme à leur sujet redouble son courroux,
Faut-il ce déshonneur pour comble à mes misères,
Qu'à mes enfants Créuse enfin donne des frères ?
Tu vas mêler, impie, et mettre en rang pareil
Des neveux de Sisyphe avec ceux du Soleil !

JASON.

Leur grandeur soutiendra la fortune des autres ;
Créuse et ses enfants conserveront les nôtres.

MÉDÉE.

Je l'empêcherai bien ce mélange odieux,
Qui déshonore ensemble et ma race et les dieux.

JASON.

Lassés de tant de maux, cédons à la fortune.

MÉDÉE.

Ce corps n'enferme pas une âme si commune ;
Je n'ai jamais souffert qu'elle me fît la loi,
Et toujours ma fortune a dépendu de moi.

JASON.

La peur que j'ai d'un sceptre…

MÉDÉE.

        Ah ! cœur rempli de
feinte,
Tu masques tes désirs d'un faux titre de crainte ;
Un sceptre est l'objet seul qui fait ton nouveau choix.

JASON.

Veux-tu que je m'expose aux haines de deux rois
Et que mon imprudence attire sur nos têtes,
D'un et d'autre côté, de nouvelles tempêtes ?

MÉDÉE.

Fuis-les, fuis-les tous deux, suis Médée à ton tour,
Et garde au moins ta foi, si tu n'as plus d'amour.

JASON.

Il est aisé de fuir, mais il n'est pas facile
Contre deux rois aigris de trouver un asile.
Qui leur résistera, s'ils viennent à s'unir ?

MÉDÉE.

Qui me résistera, si je te veux punir,
Déloyal ? Auprès d'eux crains-tu si peu Médée ?
Que toute leur puissance, en armes débordée,
Dispute contre moi ton cœur qu'ils m'ont surpris,
Et ne sois du combat que le juge et le prix !
Joins-leur, si tu le veux, mon père et la Scythie,
En moi seule ils n'auront que trop forte partie.
Bornes-tu mon pouvoir à celui des humains ?
Contr'eux, quand il me plaît, j'arme leurs propres mains ;
Tu le sais, tu l'as vu, quand ces fils de la Terre
Par leurs coups mutuels terminèrent leur guerre.

61

Misérable ! je puis adoucir des taureaux ;
La flamme m'obéit, et je commande aux eaux ;
L'enfer tremble, et les cieux, sitôt que je les nomme,
Et je ne puis toucher les volontés d'un homme !
Je t'aime encor, Jason, malgré ta lâcheté ;
Je ne m'offense plus de ta légèreté :
Je sens à tes regards décroître ma colère ;
De moment en moment ma fureur se modère ;
Et je cours sans regret à mon bannissement,
Puisque j'en vois sortir ton établissement.
Je n'ai plus qu'une grâce à demander ensuite :
Souffre que mes enfants accompagnent ma fuite ;
Que je t'admire encore en chacun de leurs traits,
Que je t'aime et te baise en ces petits portraits ;
Et que leur cher objet, entretenant ma flamme,
Te présente à mes yeux aussi bien qu'à mon âme.

JASON.

Ah ! reprends ta colère, elle a moins de rigueur.
M'enlever mes enfants, c'est m'arracher le cœur ;
Et Jupiter tout prêt à m'écraser du foudre,
Mon trépas à la main, ne pourrait m'y résoudre.
C'est pour eux que je change ; et la Parque, sans eux,
Seule de notre hymen pourrait rompre les nœuds.

MÉDÉE.

Cet amour paternel, qui te fournit d'excuses,
Me fait souffrir aussi que tu me les refuses,
Je ne t'en presse plus ; et prête à me bannir,
Je ne veux plus de toi qu'un léger souvenir.

JASON.

Ton amour vertueux fait ma plus grande gloire ;
Ce serait me trahir qu'en perdre la mémoire :
Et le mien envers toi, qui demeure éternel,
T'en laisse en cet adieu le serment solennel.
Puissent briser mon chef les traits les plus sévères
Que lancent des grands dieux les plus âpres colères ;
Qu'ils s'unissent ensemble afin de me punir,
Si je ne perds la vie avant ton souvenir !

Scène IV.

Médée, Nérine.

MÉDÉE.

J'y donnerai bon ordre ; il est en ta puissance
D'oublier mon amour, mais non pas ma vengeance ;
Je la saurai graver en tes esprits glacés
Par des coups trop profonds pour en être effacés.
Il aime ses enfants, ce courage inflexible :
Son faible est découvert ; par eux il est sensible,
Par eux mon bras, armé d'une juste rigueur,
Va trouver des chemins à lui percer le cœur.

NÉRINE.

Madame, épargnez-les, épargnez vos entrailles ;
N'avancez point par là vos propres funérailles :
Contre un sang innocent pourquoi vous irriter,
Si Créuse en vos lacs se vient précipiter ?
Elle-même s'y jette, et Jason vous la livre.

MÉDÉE.

Tu flattes mes désirs.

NÉRINE.

Que je cesse de vivre,
Si ce que je vous dis n'est pure vérité !

MÉDÉE.

Ah ! ne me tiens donc plus l'âme en perplexité !

NÉRINE.

Madame, il faut garder que quelqu'un ne nous voie,
Et du palais du roi découvre notre joie :
Un dessein éventé succède rarement.

MÉDÉE.

Rentrons donc, et mettons nos secrets sûrement.

Fᴉɴ ᴅᴜ ᴛʀᴏɪsɪᴇᴍᴇ ᴀᴄᴛᴇ.

ACTE IV.

Scène première.

Médée, Nérine.

Mᴇᴅᴇᴇ, *seule dans sa grotte magique.*

C'est trop peu de Jason que ton œil me dérobe,
C'est trop peu de mon lit, tu veux encor ma robe,
Rivale insatiable ; et c'est encor trop peu,
Si, la force à la main, tu l'as sans mon aveu ;
Il faut que par moi-même elle te soit offerte,
Que perdant mes enfants, j'achète encor leur perte ;

Il en faut un hommage à tes divins attraits,
Et des remerciements au vol que tu me fais.
Tu l'auras ; mon refus serait un nouveau crime :
Mais je t'en veux parer pour être ma victime,
Et sous un faux semblant de libéralité,
Soûler, et ma vengeance, et ton avidité.
Le charme est achevé, tu peux entrer, Nérine.
(Nérine entre, et Médée continue.)
Mes maux dans ces poisons trouvent leur médecine :
Vois combien de serpents à mon commandement
D'Afrique jusqu'ici n'ont tardé qu'un moment,
Et contraints d'obéir à mes charmes funestes,
Ont sur ce don fatal vomi toutes leurs pestes.
L'amour à tous mes sens ne fut jamais si doux
Que ce triste appareil à mon esprit jaloux.
Ces herbes ne sont pas d'une vertu commune ;
Moi-même en les cueillant je fis pâlir la lune,
Quand, les cheveux flottants, le bras et le pied nu,
J'en dépouillai jadis un climat inconnu.
Vois mille autres venins : cette liqueur épaisse
Mêle du sang de l'hydre avec celui de Nesse ;
Python eut cette langue ; et ce plumage noir
Est celui qu'une harpie en fuyant laissa choir ;
Par ce tison Althée assouvit sa colère,
Trop pitoyable sœur et trop cruelle mère ;
Ce feu tomba du ciel avecque Phaéthon,
Cet autre vient des flots du pierreux Phlégéthon ;
Et celui-ci jadis remplit en nos contrées
Des taureaux de Vulcain les gorges ensoufrées.

Enfin, tu ne vois là poudres, racines, eaux,
Dont le pouvoir mortel n'ouvrît mille tombeaux ;
Ce présent déceptif a bu toute leur force,
Et bien mieux que mon bras vengera mon divorce.
Mes tyrans par leur perte apprendront que jamais…
Mais d'où vient ce grand bruit que j'entends au palais ?

Nérine.

Du bonheur de Jason et du malheur d'Ægée :
Madame, peu s'en faut, qu'il ne vous ait vengée.
Ce généreux vieillard, ne pouvant supporter
Qu'on lui vole à ses yeux ce qu'il croit mériter,
Et que sur sa couronne et sa persévérance
L'exil de votre époux ait eu la préférence,
A tâché par la force à repousser l'affront
Que ce nouvel hymen lui porte sur le front.
Comme cette beauté, pour lui toute de glace,
Sur les bords de la mer contemplait la bonace,
Il la voit mal suivie, et prend un si beau temps
À rendre ses désirs et les vôtres contents.
De ses meilleurs soldats une troupe choisie
Enferme la princesse, et sert sa jalousie ;
L'effroi qui la surprend la jette en pâmoison ;
Et tout ce qu'elle peut, c'est de nommer Jason.

Ses gardes à l'abord font quelque résistance,
Et le peuple leur prête une faible assistance ;
Mais l'obstacle léger de ces débiles cœurs
Laissait honteusement Créuse à leurs vainqueurs :
Déjà presque en leur bord elle était enlevée…

Médée.

Je devine la fin, mon traître l'a sauvée.

Nérine.

Oui, madame, et de plus Ægée est prisonnier ;
Votre époux à son myrte ajoute ce laurier :
Mais apprenez comment.

Médée.

          N'en dis pas davantage :
Je ne veux point savoir ce qu'a fait son courage ;
Il suffit que son bras a travaillé pour nous,
Et rend une victime à mon juste courroux.

Nérine, mes douleurs auraient peu d'allégeance,
Si cet enlèvement l'ôtait à ma vengeance ;
Pour quitter son pays en est-on malheureux ?
Ce n'est pas son exil, c'est sa mort que je veux ;
Elle aurait trop d'honneur de n'avoir que ma peine,
Et de verser des pleurs pour être deux fois reine.
Tant d'invisibles feux enfermés dans ce don,
Que d'un titre plus vrai j'appelle ma rançon,
Produiront des effets bien plus doux à ma haine.

Nérine.

Par là vous vous vengez, et sa perte est certaine :
Mais contre la fureur de son père irrité
Où pensez-vous trouver un lieu de sûreté ?

Médée.

Si la prison d'Ægée a suivi sa défaite,
Tu peux voir qu'en l'ouvrant je m'ouvre une retraite,
Et que ses fers brisés, malgré leurs attentats,
À ma protection engagent ses États.
Dépêche seulement, et cours vers ma rivale
Lui porter de ma part cette robe fatale :

70

Mène-lui mes enfants, et fais-les, si tu peux,
Présenter par leur père à l'objet de ses vœux.

NÉRINE.

Mais, madame, porter cette robe empestée,
Que de tant de poisons vous avez infectée,
C'est pour votre Nérine un trop funeste emploi :
Avant que sur Créuse ils agiraient sur moi.

MÉDÉE.

Ne crains pas leur vertu, mon charme la modère,
Et lui défend d'agir que sur elle et son père ;
Pour un si grand effet prends un cœur plus hardi,
Et sans me répliquer, fais ce que je te di.

Scène II.

Créon, Pollux, soldats.

CRÉON.

Nous devons bien chérir cette valeur parfaite
Qui de nos ravisseurs nous donne la défaite.
Invincible héros, c'est à votre secours
Que je dois désormais le bonheur de mes jours ;
C'est vous seul aujourd'hui dont la main vengeresse
Rend à Créon sa fille, à Jason sa maîtresse,
Met Ægée en prison et son orgueil à bas,
Et fait mordre la terre à ses meilleurs soldats,

POLLUX.

Grand roi, l'heureux succès de cette délivrance
Vous est beaucoup mieux dû qu'à mon peu de vaillance :
C'est vous seul et Jason, dont les bras indomptés
Portaient avec effroi la mort de tous côtés ;
Pareils à deux lions dont l'ardente furie
Dépeuple en un moment toute une bergerie.
L'exemple glorieux de vos faits plus qu'humains
Echauffait mon courage et conduisait mes mains :
J'ai suivi, mais de loin, des actions si belles,
Qui laissaient à mon bras tant d'illustres modèles.
Pourrait-on reculer en combattant sous vous,

Et n'avoir point de cœur à seconder vos coups ?

CRÉON.

Votre valeur, qui souffre en cette repartie,
Ote toute croyance à votre modestie :
Mais puisque le refus d'un honneur mérité
N'est pas un petit trait de générosité,
Je vous laisse en jouir. Auteur de la victoire,
Ainsi qu'il vous plaira, départez-en la gloire ;
Comme elle est votre bien, vous pouvez la donner.
Que prudemment les dieux savent tout ordonner !
Voyez, brave guerrier, comme votre arrivée
Au jour de nos malheurs se trouve réservée,
Et qu'au point que le sort osait nous menacer,
Ils nous ont envoyé de quoi le terrasser.
Digne sang de leur roi, demi-dieu magnanime,
Dont la vertu ne peut recevoir trop d'estime,
Qu'avons-nous plus à craindre ? et quel destin jaloux,
Tant que nous vous aurons, s'osera prendre à nous ?

POLLUX.

Appréhendez pourtant, grand prince,

CRÉON.

Et quoi ?

POLLUX.

Médée,
Qui par vous de son lit se voit dépossédée.
Je crains qu'il ne vous soit malaisé d'empêcher
Qu'un gendre valeureux ne vous coûte bien cher.
Après l'assassinat d'un monarque et d'un frère,
Peut-il être de sang qu'elle épargne ou révère ?
Accoutumée au meurtre, et savante en poison,
Voyez ce qu'elle a fait pour acquérir Jason ;
Et ne présumez pas, quoi que Jason vous die,
Que pour le conserver elle soit moins hardie.

CRÉON.

C'est de quoi mon esprit n'est plus inquiété ;
Par son bannissement j'ai fait ma sûreté ;
Elle n'a que fureur et que vengeance en l'âme,
Mais, en si peu de temps, que peut faire une femme ?
Je n'ai prescrit qu'un jour de terme à son départ.

POLLUX.

C'est peu pour une femme, et beaucoup pour son art ;
Sur le pouvoir humain ne réglez pas les charmes.

CRÉON.

Quelques puissants qu'ils soient, je n'en ai point d'alarmes ;
Et quand bien ce délai devrait tout hasarder,
Ma parole est donnée, et je la veux garder.

Scène III.

Créon, Pollux, Cléone.

CRÉON.

Que font nos deux amants, Cléone ?

CLÉONE.

                    La princesse,
Seigneur, près de Jason reprend son allégresse ;
Et ce qui sert beaucoup à son contentement,
C'est de voir que Médée est sans ressentiment.

CRÉON.

Et quel dieu si propice a calmé son courage ?

CLÉONE.

Jason, et ses enfants, qu'elle vous laisse en gage.
La grâce que pour eux madame obtient de vous
A calmé les transports de son esprit jaloux.
Le plus riche présent qui fût en sa puissance
À ses remerciements joint sa reconnaissance.
Sa robe sans pareille, et sur qui nous voyons
Du Soleil son aïeul briller mille rayons,
Que la princesse même avait tant souhaitée,
Par ces petits héros lui vient d'être apportée,
Et fait voir clairement les merveilleux effets
Qu'en un cœur irrité produisent les bienfaits.

CRÉON.

Eh bien, qu'en dites-vous ? Qu'avons-nous plus à craindre ?

POLLUX.

Si vous ne craignez rien, que je vous trouve à plaindre !

CRÉON.

Un si rare présent montre un esprit remis.

POLLUX.

J'eus toujours pour suspects les dons des ennemis.
Ils font assez souvent ce que n'ont pu leurs armes ;
Je connais de Médée et l'esprit et les charmes,
Et veux bien m'exposer au plus cruel trépas,
Si ce rare présent n'est un mortel appas.

CRÉON.

Ses enfants si chéris qui nous servent d'otages,
Nous peuvent-ils laisser quelque sorte d'ombrages ?

POLLUX.

Peut-être que contre eux s'étend sa trahison,
Qu'elle ne les prend plus que pour ceux de Jason,
Et qu'elle s'imagine, en haine de leur père,
Que n'étant plus sa femme, elle n'est plus leur mère.
Renvoyez-lui, seigneur, ce don pernicieux,
Et ne vous chargez point d'un poison précieux.

CLÉONE.

Madame cependant en est toute ravie,
Et de s'en voir parée elle brûle d'envie.

POLLUX.

Où le péril égale et passe le plaisir,
Il faut se faire force, et vaincre son désir.
Jason, dans son amour, a trop de complaisance
De souffrir qu'un tel don s'accepte en sa présence.

CRÉON.

Sans rien mettre au hasard, je saurai dextrement
Accorder vos soupçons et son contentement.
Nous verrons dès ce soir, sur une criminelle,
Si ce présent nous cache une embûche mortelle.
Nise, pour ses forfaits destinée à mourir,
Ne peut par cette épreuve injustement périr ;
Heureuse, si sa mort nous rendait ce service,
De nous en découvrir le funeste artifice !
Allons-y de ce pas, et ne consumons plus
De temps ni de discours en débats superflus.

Scène IV.

Ægée, *en prison.*

Demeure affreuse des coupables,
Lieux maudits, funeste séjour,
Dont jamais avant mon amour
Les sceptres n'ont été capables.
Redoublez puissamment votre mortel effroi,
Et joignez à mes maux une si vive atteinte,
Que mon âme chassée, ou s'enfuyant de crainte,
Dérobe à mes vainqueurs le supplice d'un roi.
Le triste bonheur où j'aspire !
Je ne veux que hâter ma mort,
Et n'accuse mon mauvais sort

Que de souffrir que je respire.
Puisqu'il me faut mourir, que je meure à mon choix ;
Le coup m'en sera doux, s'il est sans infamie :
Prendre l'ordre à mourir d'une main ennemie,
C'est mourir, pour un roi, beaucoup plus d'une fois.
Malheureux prince, on te méprise
Quand tu t'arrêtes à servir :
Si tu t'efforces de ravir,
Ta prison suit ton entreprise.
Ton amour qu'on dédaigne et ton vain attentat
D'un éternel affront vont souiller ta mémoire :
L'un t'a déjà coûté ton repos et ta gloire ;
L'autre te va coûter ta vie et ton État.
Destin, qui punis mon audace,
Tu n'as que de justes rigueurs ;
Et s'il est d'assez tendres cœurs
Pour compatir à ma disgrâce,
Mon feu de leur tendresse étouffe la moitié,
Puisqu'à bien comparer mes fers avec ma flamme,
Un vieillard amoureux mérite plus de blâme
Qu'un monarque en prison n'est digne de pitié.
Cruel auteur de ma misère,
Peste des cœurs, tyran des rois,
Dont les impérieuses lois
N'épargnent pas même ta mère,
Amour, contre Jason tourne ton trait fatal ;
Au pouvoir de tes dards je remets ma vengeance :
Atterre son orgueil, et montre ta puissance
À perdre également l'un et l'autre rival.

Qu'une implacable jalousie
Suive son nuptial flambeau ;
Que sans cesse un objet nouveau
S'empare de sa fantaisie ;
Que Corinthe à sa vue accepte un autre roi ;
Qu'il puisse voir sa race à ses yeux égorgée ;
Et, pour dernier malheur, qu'il ait le sort d'Ægée,
Et devienne à mon âge amoureux comme moi !

Scène V.

Ægée, Médée.

ÆGÉE.

Mais d'où vient ce bruit sourd ? quelle pâle lumière
Dissipe ces horreurs et frappe ma paupière ?
Mortel, qui que tu sois, détourne ici tes pas,
Et de grâce m'apprends l'arrêt de mon trépas,
L'heure, le lieu, le genre ; et si ton cœur sensible
À la compassion peut se rendre accessible,
Donne-moi les moyens d'un généreux effort
Qui des mains des bourreaux affranchisse ma mort.

82

MÉDÉE.

Je viens l'en affranchir. Ne craignez plus, grand prince ;
Ne pensez qu'à revoir votre chère province ;
(Elle donne un coup de baguette sur la porte de la prison, qui s'ouvre aussitôt ; et en ayant tiré Ægée, elle en donne encore un sur ses fers, qui tombent.)
Ni grilles ni verrous ne tiennent contre moi.
Cessez, indignes fers, de captiver un roi ;
Est-ce à vous à presser les bras d'un tel monarque ?
Et vous, reconnaissez Médée à cette marque,
Et fuyez un tyran dont le forcènement
Joindrait votre supplice à mon bannissement ;
Avec la liberté reprenez le courage.

ÆGÉE.

Je les reprends tous deux pour vous en faire hommage,
Princesse, de qui l'art propice aux malheureux
Oppose un tel miracle à mon sort rigoureux ;
Disposez de ma vie, et du sceptre d'Athènes ;
Je dois et l'une et l'autre à qui brise mes chaînes.
Si votre heureux secours me tire de danger,

Je ne veux en sortir qu'afin de vous venger ;
Et si je puis jamais avec votre assistance
Arriver jusqu'aux lieux de mon obéissance,
Vous me verrez, suivi de mille bataillons,
Sur ces murs renversés planter mes pavillons,
Punir leur traître roi de vous avoir bannie,
Dedans le sang des siens noyer sa tyrannie,
Et remettre en vos mains et Créuse et Jason,
Pour venger votre exil plutôt que ma prison.

MÉDÉE.

Je veux une vengeance et plus haute et plus prompte ;
Ne l'entreprenez pas, votre offre me fait honte :
Emprunter le secours d'aucun pouvoir humain,
D'un reproche éternel diffamerait ma main.
En est-il, après tout, aucun qui ne me cède ?
Qui force la nature, a-t-il besoin qu'on l'aide ?
Laissez-moi le souci de venger mes ennuis,
Et par ce que j'ai fait, jugez ce que je puis ;
L'ordre en est tout donné, n'en soyez point en peine :
C'est demain que mon art fait triompher ma haine ;
Demain je suis Médée, et je tire raison
De mon bannissement et de votre prison.

84

Ægée.

Quoi ! madame, faut-il que mon peu de puissance
Empêche les devoirs de ma reconnaissance ?
Mon sceptre ne peut-il être employé pour vous ?
Et vous serai-je ingrat autant que votre époux ?

Médée.

Si je vous ai servi, tout ce que j'en souhaite,
C'est de trouver chez vous une sûre retraite,
Où de mes ennemis menaces ni présents
Ne puissent plus troubler le repos de mes ans.
Non pas que je les craigne ; eux et toute la terre
À leur confusion me livreraient la guerre ;
Mais je hais ce désordre, et n'aime pas à voir
Qu'il me faille pour vivre user de mon savoir.

Ægée.

L'honneur de recevoir une si grande hôtesse
De mes malheurs passés efface la tristesse.
Disposez d'un pays qui vivra sous vos lois,

Si vous l'aimez assez pour lui donner des rois ;
Si mes ans ne vous font mépriser ma personne,
Vous y partagerez mon lit et ma couronne :
Sinon, sur mes sujets faites état d'avoir,
Ainsi que sur moi-même, un absolu pouvoir.
Allons, madame, allons ; et par votre conduite
Faites la sûreté que demande ma fuite.

MÉDÉE.

Ma vengeance n'aurait qu'un succès imparfait :
Je ne me venge pas, si je n'en vois l'effet ;
Je dois à mon courroux l'heur d'un si doux spectacle.
Allez, prince, et sans moi ne craignez point d'obstacle.
Je vous suivrai demain par un chemin nouveau.
Pour votre sûreté conservez cet anneau ;
Sa secrète vertu, qui vous fait invisible,
Rendra votre départ de tous côtés paisible.
Ici, pour empêcher l'alarme que le bruit
De votre délivrance aurait bientôt produit,
Un fantôme pareil et de taille et de face,
Tandis que vous fuirez, remplira votre place.
Partez sans plus tarder, prince chéri des dieux,
Et quittez pour jamais ces détestables lieux.

Æ**GÉE****.**

J'obéis sans réplique, et je pars sans remise.
Puisse d'un prompt succès votre grande entreprise
Combler nos ennemis d'un mortel désespoir,
Et me donner bientôt le bien de vous revoir !

FIN DU QUATRIÈME ACTE.

ACTE V.

Scène première.

Médée, Theudas.

T**HEUDAS****.**

Ah, déplorable prince ! ah, fortune cruelle !
Que je porte à Jason une triste nouvelle !

MÉDÉE, *lui donnant un coup de baguette qui le fait*
demeurer immobile.

Arrête, misérable, et m'apprends quel effet
A produit chez le roi le présent que j'ai fait.

THEUDAS.

Dieux ! je suis dans les fers d'une invisible chaîne !

MÉDÉE.

Dépêche, ou ces longueurs attireront ma haine.

THEUDAS.

Apprenez donc l'effet le plus prodigieux
Que jamais la vengeance ait offert à nos yeux.
Votre robe a fait peur, et sur Nise éprouvée,
En dépit des soupçons, sans péril s'est trouvée ;
Et cette épreuve a su si bien les assurer,
Qu'incontinent Créuse a voulu s'en parer ;
Mais cette infortunée à peine l'a vêtue,
Qu'elle sent aussitôt une ardeur qui la tue :
Un feu subtil s'allume, et ses brandons épars
Sur votre don fatal courent de toutes parts ;
Et Cléone et le roi s'y jettent pour l'éteindre ;
Mais (ô nouveau sujet de pleurer et de plaindre !)
Ce feu saisit le roi ; ce prince en un moment
Se trouve enveloppé du même embrasement.

MÉDÉE.

Courage ! enfin il faut que l'un et l'autre meure.

THEUDAS.

La flamme disparaît, mais l'ardeur leur demeure ;
Et leurs habits charmés, malgré nos vains efforts,
Sont des brasiers secrets attachés à leurs corps ;

Qui veut les dépouiller lui-même les déchire,
Et ce nouveau secours est un nouveau martyre.

MÉDÉE.

Que dit mon déloyal ? que fait-il là-dedans ?

THEUDAS.

Jason, sans rien savoir de tous ces accidents,
S'acquitte des devoirs d'une amitié civile
À conduire Pollux hors des murs de la ville,
Qui va se rendre en hâte aux noces de sa sœur,
Dont bientôt Ménélas doit être possesseur ;
Et j'allais lui porter ce funeste message.

MÉDÉE, *lui donne un autre coup de baguette.*

Va, tu peux maintenant achever ton voyage.

Scène II.

90

MÉDÉE.

Est-ce assez, ma vengeance, est-ce assez de deux
morts ?
Consulte avec loisir tes plus ardents transports.
Des bras de mon perfide arracher une femme,
Est-ce pour assouvir les fureurs de mon âme ?
Que n'a-t-elle déjà des enfants de Jason,
Sur qui plus pleinement venger sa trahison !
Suppléons-y des miens ; immolons avec joie
Ceux qu'à me dire adieu Créuse me renvoie :
Nature, je le puis sans violer ta loi ;
Ils viennent de sa part, et ne sont plus à moi.
Mais ils sont innocents ; aussi l'était mon frère ;
Ils sont trop criminels d'avoir Jason pour père ;
Il faut que leur trépas redouble son tourment ;
Il faut qu'il souffre en père aussi bien qu'en amant.
Mais quoi ! j'ai beau contre eux animer mon audace,
La pitié la combat, et se met en sa place :
Puis, cédant tout à coup la place à ma fureur,
J'adore les projets qui me faisaient horreur :
De l'amour aussitôt je passe à la colère,
Des sentiments de femme aux tendresses de mère.
Cessez dorénavant, pensers irrésolus,
D'épargner des enfants que je ne verrai plus.

91

Chers fruits de mon amour, si je vous ai fait naître,
Ce n'est pas seulement pour caresser un traître :
Il me prive de vous, et je l'en vais priver.
Mais ma pitié renaît, et revient me braver ;
Je n'exécute rien, et mon âme éperdue
Entre deux passions demeure suspendue.
N'en délibérons plus, mon bras en résoudra.
Je vous perds, mes enfants ; mais Jason vous perdra ;
Il ne vous verra plus… Créon sort tout en rage ;
Allons à son trépas joindre ce triste ouvrage.

Scène III.

Créon, domestiques.

CRÉON.

Loin de me soulager vous croissez mes tourments ;
Le poison à mon corps unit mes vêtements ;
Et ma peau, qu'avec eux votre secours m'arrache,
Pour suivre votre main de mes os se détache.
Voyez comme mon sang en coule à gros ruisseaux :
Ne me déchirez plus, officieux bourreaux ;
Votre pitié pour moi s'est assez hasardée ;

Fuyez, ou ma fureur vous prendra pour Médée.
C'est avancer ma mort que de me secourir ;
Je ne veux que moi-même à m'aider à mourir.
Quoi ! vous continuez, canailles infidèles !
Plus je vous le défends, plus vous m'êtes rebelles !
Traîtres, vous sentirez encor ce que je puis ;
Je serai votre roi, tout mourant que je suis ;
Si mes commandements ont trop peu d'efficace,
Ma rage pour le moins me fera faire place :
Il faut ainsi payer votre cruel secours.
(Il se défait d'eux et les chasse à coups d'épée.)

Scène IV.

Créon, Créuse, Cléone.

Créuse.

Où fuyez-vous de moi, cher auteur de mes jours ?
Fuyez-vous l'innocente et malheureuse source
D'où prennent tant de maux leur effroyable course ?
Ce feu qui me consume et dehors et dedans
Vous venge-t-il trop peu de mes vœux imprudents ?
Je ne puis excuser mon indiscrète envie

Qui donne le trépas à qui je dois la vie :
Mais soyez satisfait des rigueurs de mon sort,
Et cessez d'ajouter votre haine à ma mort.
L'ardeur qui me dévore, et que j'ai méritée,
Surpasse en cruauté l'aigle de Prométhée,
Et je crois qu'Ixion au choix des châtiments
Préférerait sa roue à mes embrasements.

CRÉON.

Si ton jeune désir eut beaucoup d'imprudence,
Ma fille, j'y devais opposer ma défense.
Je n'impute qu'à moi l'excès de mes malheurs,
Et j'ai part en ta faute ainsi qu'en tes douleurs.
Si j'ai quelque regret, ce n'est pas à ma vie,
Que le déclin des ans m'aurait bientôt ravie :
La jeunesse des tiens, si beaux, si florissants,
Me porte au fond du cœur des coups bien plus pressants.
Ma fille, c'est donc là ce royal hyménée
Dont nous pensions toucher la pompeuse journée !
La Parque impitoyable en éteint le flambeau,
Et pour lit nuptial il te faut un tombeau !
Ah ! rage, désespoir, destins, feux, poisons, charmes,
Tournez tous contre moi vos plus cruelles armes :
S'il faut vous assouvir par la mort de deux rois,

94

Faites en ma faveur que je meure deux fois,
Pourvu que mes deux morts emportent cette grâce
De laisser ma couronne à mon unique race,
Et cet espoir si doux, qui m'a toujours flatté,
De revivre à jamais en sa postérité.

CRÉUSE.

Cléone, soutenez, je chancelle, je tombe ;
Mon reste de vigueur sous mes douleurs succombe ;
Je sens que je n'ai plus à souffrir qu'un moment.
Ne me refusez pas ce triste allégement,
Seigneur, et si pour moi quelque amour vous demeure,
Entre vos bras mourants permettez que je meure.
Mes pleurs arrouseront vos mortels déplaisirs ;
Je mêlerai leurs eaux à vos brûlants soupirs.
Ah ! je brûle, je meurs, je ne suis plus que flamme ;
De grâce, hâtez-vous de recevoir mon âme.
Quoi ! vous vous éloignez !

CRÉON.

                        Oui, je ne verrai pas,

Comme un lâche témoin, ton indigne trépas :
Il faut, ma fille, il faut que ma main me délivre
De l'infâme regret de t'avoir pu survivre.
Invisible ennemi, sors avecque mon sang.
(Il se tue avec un poignard.)

CRÉUSE.

Courez à lui, Cléone ; il se perce le flanc.

CRÉON.

Retourne ; c'en est fait. Ma fille, adieu ; j'expire,
Et ce dernier soupir met fin à mon martyre :
Je laisse à ton Jason le soin de nous venger.

CRÉUSE.

Vain et triste confort ! soulagement léger !
Mon père…

CLÉONE.

Il ne vit plus ; sa grande âme est partie.

CRÉUSE.

Donnez donc à la mienne une même sortie ;
Apportez-moi ce fer qui, de ses maux vainqueur,
Est déjà si savant à traverser le cœur.
Ah ! je sens fers, et feux, et poison tout ensemble ;
Ce que souffrait mon père à mes peines s'assemble.
Hélas ! que de douceurs aurait un prompt trépas !
Dépêchez-vous, Cléone, aidez mon faible bras.

CLÉONE.

Ne désespérez point : les dieux, plus pitoyables,
À nos justes clameurs se rendront exorables,
Et vous conserveront, en dépit du poison,
Et pour reine à Corinthe, et pour femme à Jason.
Il arrive, et surpris, il change de visage ;
Je lis dans sa pâleur une secrète rage,
Et son étonnement va passer en fureur.

Scène V.

Jason, Créuse, Cléone, Theudas.

JASON.

Que vois-je ici, grands dieux ! quel spectacle
d'horreur !
Où que puissent mes yeux porter ma vue errante,
Je vois ou Créon mort, ou Créuse mourante.
Ne t'en va pas, belle âme, attends encore un peu,
Et le sang de Médée éteindra tout ce feu ;
Prends le triste plaisir de voir punir son crime,
De te voir immoler cette infâme victime ;
Et que ce scorpion, sur la plaie écrasé,
Fournisse le remède au mal qu'il a causé.

CRÉUSE.

98

Il n'en faut point chercher au poison qui me tue :
Laisse-moi le bonheur d'expirer à ta vue,
Souffre que j'en jouisse en ce dernier moment :
Mon trépas fera place à ton ressentiment ;
Le mien cède à l'ardeur dont je suis possédée ;
J'aime mieux voir Jason que la mort de Médée.
Approche, cher amant, et retiens ces transports :
Mais garde de toucher ce misérable corps ;
Ce brasier, que le charme ou répand ou modère,
A négligé Cléone, et dévoré mon père :
Au gré de ma rivale il est contagieux.
Jason, ce m'est assez de mourir à tes yeux :
Empêche les plaisirs qu'elle attend de ta peine ;
N'attire point ces feux esclaves de sa haine.
Ah, quel âpre tourment ! quels douloureux abois !
Et que je sens de morts sans mourir une fois !

Jason.

Quoi ! vous m'estimez donc si lâche que de vivre,
Et de si beaux chemins sont ouverts pour vous
suivre ?
Ma reine, si l'hymen n'a pu joindre nos corps,
Nous joindrons nos esprits, nous joindrons nos deux
morts ;
Et l'on verra Caron passer chez Rhadamante,

Dans une même barque, et l'amant et l'amante.
Hélas ! vous recevez, par ce présent charmé,
Le déplorable prix de m'avoir trop aimé ;
Et puisque cette robe a causé votre perte,
Je dois être puni de vous l'avoir offerte.
Quoi ! ce poison m'épargne, et ces feux impuissants
Refusent de finir les douleurs que je sens !
Il faut donc que je vive, et vous m'êtes ravie !
Justes dieux ! quel forfait me condamne à la vie ?
Est-il quelque tourment plus grand pour mon amour
Que de la voir mourir, et de souffrir le jour ?
Non, non ; si par ces feux mon attente est trompée,
J'ai de quoi m'affranchir au bout de mon épée ;
Et l'exemple du roi, de sa main transpercé,
Qui nage dans les flots du sang qu'il a versé,
Instruit suffisamment un généreux courage
Des moyens de braver le destin qui l'outrage.

CRÉUSE.

Si Créuse eut jamais sur toi quelque pouvoir,
Ne t'abandonne point aux coups du désespoir.
Vis pour sauver ton nom de cette ignominie
Que Créuse soit morte, et Médée impunie ;
Vis pour garder le mien en ton cœur affligé,
Et du moins ne meurs point que tu ne sois vengé.

Adieu : donne la main ; que, malgré ta jalouse,
J'emporte chez Pluton le nom de ton épouse.
Ah, douleurs ! C'en est fait, je meurs à cette fois,
Et perds en ce moment la vie avec la voix.
Si tu m'aimes…

JASON.

                Ce mot lui coupe la parole ;
Et je ne suivrai pas son âme qui s'envole !
Mon esprit, retenu par ses commandements,
Réserve encor ma vie à de pires tourments !
Pardonne, chère épouse, à mon obéissance ;
Mon déplaisir mortel défère à ta puissance,
Et de mes jours maudits tout prêt de triompher,
De peur de te déplaire, il n'ose m'étouffer.
Ne perdons point de temps, courons chez la sorcière
Délivrer par sa mort mon âme prisonnière.
Vous autres, cependant, enlevez ces deux corps :
Contre tous ses démons mes bras sont assez forts,
Et la part que votre aide aurait en ma vengeance
Ne m'en permettait pas une entière allégeance.
Préparez seulement des gênes, des bourreaux ;
Devenez inventifs en supplices nouveaux,
Qui la fassent mourir tant de fois sur leur tombe,

Que son coupable sang leur vaille une hécatombe ;
Et si cette victime, en mourant mille fois,
N'apaise point encor les mânes de deux rois,
Je serai la seconde ; et mon esprit fidèle
Ira gêner là-bas son âme criminelle,
Ira faire assembler pour sa punition
Les peines de Titye à celle d'Ixion.
*(Cléone et le reste emportent le corps de Créon et de
Créuse, et Jason continue seul.)*
Mais leur puis-je imputer ma mort en sacrifice ?
Elle m'est un plaisir, et non pas un supplice.
Mourir, c'est seulement auprès d'eux me ranger,
C'est rejoindre Créuse, et non pas la venger.
Instruments des fureurs d'une mère insensée,
Indignes rejetons de mon amour passée,
Quel malheureux destin vous avait réservés
À porter le trépas à qui vous a sauvés ?
C'est vous, petits ingrats, que, malgré la nature,
Il me faut immoler dessus leur sépulture.
Que la sorcière en vous commence de souffrir ;
Que son premier tourment soit de vous voir mourir.
Toutefois qu'ont-ils fait, qu'obéir à leur mère ?

Scène VI.

Médée, Jason.

Médée, *en haut sur un balcon.*

Lâche, ton désespoir encore en délibère ?
Lève les yeux, perfide, et reconnais ce bras
Qui t'a déjà vengé de ces petits ingrats ;
Ce poignard que tu vois vient de chasser leurs âmes,
Et noyer dans leur sang les restes de nos flammes.
Heureux père et mari, ma fuite et leur tombeau
Laissent la place vide à ton hymen nouveau.
Réjouis-t'en, Jason, va posséder Créuse :
Tu n'auras plus ici personne qui t'accuse ;
Ces gages de nos feux ne feront plus pour moi
De reproches secrets à ton manque de foi.

Jason.

Horreur de la nature, exécrable tigresse !

Médée.

Va, bienheureux amant, cajoler ta maîtresse :
À cet objet si cher tu dois tous tes discours ;
Parler encore à moi, c'est trahir tes amours.
Va lui, va lui conter tes rares aventures,
Et contre mes effets ne combats point d'injures.

JASON.

Quoi ! tu m'oses braver, et ta brutalité
Pense encore échapper à mon bras irrité ?
Tu redoubles ta peine avec cette insolence.

MÉDÉE.

Et que peut contre moi ta débile vaillance ?
Mon art faisait ta force, et tes exploits guerriers
Tiennent de mon secours ce qu'ils ont de lauriers.

JASON.

Ah ! c'est trop en souffrir ; il faut qu'un prompt supplice

104

De tant de cruautés à la fin te punisse.
Sus, sus, brisons la porte, enfonçons la maison ;
Que des bourreaux soudain m'en fassent la raison.
Ta tête répondra de tant de barbaries.

MÉDÉE.

en l'air dans un char tiré par deux dragons.
Que sert de t'emporter à ces vaines furies ?
Epargne, cher époux, des efforts que tu perds ;
Vois les chemins de l'air qui me sont tous ouverts ;
C'est par là que je fuis, et que je t'abandonne
Pour courir à l'exil que ton change m'ordonne.
Suis-moi, Jason, et trouve en ces lieux désolés
Des postillons pareils à mes dragons ailés.
Enfin je n'ai pas mal employé la journée
Que la bonté du roi, de grâce, m'a donnée ;
Mes désirs sont contents. Mon père et mon pays,
Je ne me repens plus de vous avoir trahis ;
Avec cette douceur j'en accepte le blâme.
Adieu, parjure : apprends à connaître ta femme,
Souviens-toi de sa fuite, et songe, une autre fois,
Lequel est plus à craindre ou d'elle ou de deux rois.

Scène VII.

Jason.

Ô dieux ! ce char volant, disparu dans la nue,
La dérobe à sa peine, aussi bien qu'à ma vue ;
Et son impunité triomphe arrogamment
Des projets avortés de mon ressentiment.
Créuse, enfants, Médée, amour, haine, vengeance,
Où dois-je, désormais, chercher quelque allégeance ?
Où suivre l'inhumaine, et dessous quels climats
Porter les châtiments de tant d'assassinats ?
Va, furie, exécrable, en quelque coin de terre
Que t'emporte ton char, j'y porterai la guerre.
J'apprendrai ton séjour de tes sanglants effets,
Et te suivrai partout au bruit de tes forfaits.
Mais que me servira cette vaine poursuite,
Si l'air est un chemin toujours libre à ta fuite,
Si toujours tes dragons sont prêts à t'enlever,
Si toujours tes forfaits ont de quoi me braver ?
Malheureux, ne perds point contre une telle audace
De ta juste fureur l'impuissante menace ;
Ne cours point à ta honte, et fuis l'occasion
D'accroître sa victoire et ta confusion
Misérable ! perfide ! ainsi donc ta faiblesse
Epargne la sorcière, et trahit ta princesse !
Est-ce là le pouvoir qu'ont sur toi ses désirs,

Et ton obéissance à ses derniers soupirs ?

Venge-toi, pauvre amant, Créuse le commande ;

Ne lui refuse point un sang qu'elle demande ;

Ecoute les accents de sa mourante voix,

Et vole sans rien craindre à ce que tu lui dois.

À qui sait bien aimer il n'est rien d'impossible.

Eusses-tu pour retraite un roc inaccessible,

Tigresse, tu mourras ; et malgré ton savoir,

Mon amour te verra soumise à son pouvoir ;

Mes yeux se repaîtront des horreurs de ta peine :

Ainsi le veut Créuse, ainsi le veut ma haine.

Mais quoi ! je vous écoute, impuissantes chaleurs !

Allez, n'ajoutez plus de comble à mes malheurs.

Entreprendre une mort que le ciel s'est gardée,

C'est préparer encore un triomphe à Médée.

Tourne avec plus d'effet sur toi-même ton bras,

Et punis-toi, Jason, de ne la punir pas.

Vains transports, où sans fruit mon désespoir s'amuse,

Cessez de m'empêcher de rejoindre Créuse.

Ma reine, ta belle âme, en partant de ces lieux,

M'a laissé la vengeance, et je la laisse aux dieux ;

Eux seuls, dont le pouvoir égale la justice,

Peuvent de la sorcière achever le supplice.

Trouve-le bon, chère ombre, et pardonne à mes feux

Si je vais te revoir plus tôt que tu ne veux.

(Il se tue.)

1. ↑ *Var.* Se peut-il faire, ami, qu'ici je vous revoie. (1639)
2. ↑ *Var.* Préparez-vous à voir dans peu mon hyménée.
Poʟʟ. Quoi ! Médée est donc morte à ce compte ? Jᴀs. Elle vit. (1630)
3. ↑ *Var.* Mais un objet nouveau la chasse de mon lit. (1639-57)
4. ↑ Hypsipyle, reine de Lemnos, fille de Thoas. Jason avait eu d'elle deux fils.
5. ↑ *Var.* Que former dans son cœur un regret inutile,
Jeter des cris en l'air, me nommer inconstant ?
Si bon semble à Médée, elle en peut faire autant.
[Je la quitte à regret, mais je n'ai point d'excuse.] (1639)
6. ↑ *Var.* Me nomma mille fois homme sans conscience :
Il fallut après tout qu'elle prit patience. (1644-57)
7. ↑ *Var.* C'est donc là cet objet qui vous tient enchaîné ? (1639)
Var. Créuse est donc l'objet qui nous vient d'enflammer ? (1644, 52 et 54)
8. ↑ *Var.* Sans l'entendre nommer je l'avois deviné. (1639)
Var. Je l'avois deviné sans l'entendre nommer. (1634-64)
9. ↑ *Var.* Et je crois qu'il tiendroit pour un indigne emploi
De blesser d'autres cœurs que de filles de roi. (1639)
10. ↑ *Var.* Font bien voir qu'en tous lieux, sans lancer d'autres dards. (1639)
11. ↑ *Var.* Et sous quelque climat que le sort me jetât,
Je serois amoureux par maxime d'État. (1639)
12. ↑ *Var.* Alors, sans mon amour, qu'étoit votre vaillance ? (1639-55)
13. ↑ *Var.* Et que pouvois-je mieux que lui faire la cour,
Et relever mon sort sur les ailes d'Amour ? (1630)
14. ↑ *Var.* Son trépas seul me force à cet éloignement. (1639-57)
15. ↑ *Var.* Du vieux tyran Pélie elle gagne les filles. (1639-57)
16. ↑ *Var.* Médée, après ce coup d'une si belle amorce. (1652-57)

NOTICE.

Médée[1] a fourni deux pièces à Corneille. L'une, la Toison d'or (1661), nous montre cette princesse trahissant son père par amour pour Jason ; l'autre, qui occupe le second rang dans l'ordre historique, mais qui est de beaucoup la plus ancienne dans la série chronologique des œuvres de notre poète, nous la présente abandonnée de celui à qui elle a tout sacrifié et immolant à sa vengeance non-seulement sa rivale, mais ses propres enfants.

Ce dernier sujet, profondément tragique, a inspiré tour à tour un grand nombre de poëtes de tous les temps et de tous les pays, et fournirait la matière d'une étude comparative intéressante, mais qui ne peut trouver place dans cette notice[2].

Nous nous contenterons de rappeler ici que Thomas Corneille a puisé dans la pièce de son frère la matière d'un opéra portant le même titre ; et nous signalerons en note au bas des pages les endroits imités d'Euripide et de Sénèque,

Dans *le Parnasse ou la critique des poètes*, par la Pinelière (p. 60-62), on trouve, parmi de curieux détails sur les habitudes de certains poëtes dramatiques de ce temps, une indication assez précise de l'époque de la composition de *Médée* : « Ils tâchent par toutes sortes de moyens de voir tous ceux qui écrivent. Ils auront la tête levée une heure entière à l'hôtel de Bourgogne pour attendre que quelque poëte de réputation qu'ils voient dans une loge regarde de leur côté, afin d'avoir l'occasion de leur faire la révérence. Ils le montrent à ceux de leur compagnie, et leur disent : « Voilà M. de Rotrou, ou M. du Ryer, « il a bien parlé de ma pièce, qu'un de mes amis lui a depuis a peu montrée, b Tantôt ils s'éloigneront un peu d'eux, et reviendront incontinent leur dire : à Messieurs, je vous dea mande pardon de mon incivilité : je viens de saluer M. Corneille, qui n'arriva qu'hier de Rouen. Il m'a promis que demain nous irons voir ensemble M. Mairet, et qu'il me fera voir des vers d'une excellente pièce de théâtre qu'il a commencée. » Enfin, se jetant peu à peu sur le discours des auteurs du temps et de leurs ouvrages, ils révéleront tous les desseins des poètes, pour montrer qu'ils ont de grandes intrigues avec eux. Ils parleront du plan de Cléopatre et de cinq ou six autres sujets que son auteur[3] a tirés de l'Histoire romaine, dont il veut faire des sœurs à son incomparable Sophonisbe. Ils diront qu'ils ont vu des vers de l'Ulysse dupé[4] ; que Scudéry est au troisième acte de la Mort de César ; que la Médée est presque achevée ; que l'*Innocente infidélité* est la plus belle pièce de Rotrou, quoiqu'on ne s'imaginât pas qu'il pût s'élever au-dessus de celles qu'il avoit déjà faites ; que l'auteur d'Ifis et Iante[5] fait une autre Cléopatre pour la troupe Royale ; et que

Chapelain n'a guère encore travaillé à son poëme de la Pucelle d'Orléans, ni Corneille à celui qu'il compose sur un ancien duc de son pays. »

Ce morceau a été écrit en 1635[6], et le 3 avril de cette même année Balzac adressait à Boisrobert l'éloge suivant de Mondory : « Nous devons cela à Jason, à Massinisse et à Brutus, qui vivent aujourd'hui en la personne de l'homme dont vous me parlez si avantageusement, et que j'ai admiré autant de fois que je l'ai ouï. Il est vrai que dans la représentation de ces trois héros, il suffit qu'il soit le digne organe de trois excellents esprits qui leur ont rendu la vie ; mais il est vrai aussi que la grâce dont il prononce, donne un degré de bonté aux vers qu'ils ne peuvent recevoir des poètes vulgaires. Ils ont donc quelquefois plus d'obligation à celui qui les récite qu'à celui qui les a faits, et ce second père, pour le dire ainsi, les purge par son adoption de tous les vices de leur naissance. Le son de sa voix, accompagné de la dignité de ses gestes, annoblit les plus communes et les plus viles conceptions. Il n'est point d'âme si bien fortifiée contre les objets des sens, à qui il ne fasse violence, ni de jugement si fin, qui se puisse garantir de l'imposture de sa parole. De sorte que s'il y a en ce monde quelque félicité pour les vers, il faut avouer qu'elle est dans sa bouche et dans son récit ; et que comme les mauvaises choses y prennent l'apparence du bien, les bonnes y trouvent leur perfection. » Ce passage, dont on n'a point profité jusqu'ici, nous offre des renseignements assez curieux. Il nous apprend que Mondory a joué d'original

Massinisse dans la *Sophonisbe* de Mairet, représentée pour la première fois en 162g, Jason dans la Médée de Corneille, et Brute dans la Mort de César de Scudéry ; il nous prouve en outre que le 3 avril 1635 ces deux dernières pièces avaient déjà été représentées. Or les frères Parfait, et à leur suite tous les historiens de notre théâtre, placent la seconde en 1636.

Malgré ses défauts, Médée semblait plus digne d'accompagner le Cid que la Galerie du Palais, la Place Royale ou la Suivante. Elle ne fut pourtant imprimée que deux ans plus tard, en 1639.

L'édition originale in-4° forme un volume de 4 feuillets liminaires et de 95 pages, dont voici le titre : « IMedée, Tragédie. À Paris, chez François Targa.... M.DC.XXXIX. y^wec yy/vWlege du Roy. » L'achevé d'imprimer est du 16 mars.

La Médée de Longepierre, représentée en 1694, s'est maintenue au répertoire pendant tout le cours du siècle dernier, et a fait complètement oublier celle de Corneille.

1. ↑ Voyez sur les traditions relatives à ce personnage : Histoire de Médée, par l'abbé Banier, Mémoires de l'Académie des Inscriptions et Belles-Lettres, tome XIV, p. 41
2. ↑ Cet examen a d'ailleurs été fait avec autant d'érudition que de goût par M. Patin dans ses *Études sur les tragiques grecs, Euripide,* tome I, p. 149 et suivantes. On peut encore consulter utilement un *Parallèle des beautés de Corneille avec celles de plusieurs scènes de la Médée de Sénèque,* par M. Guilbert, lu à la Société libre d'émulation de Rouen dans la séance du 16 juin 1804.
3. ↑ Mairet.
4. ↑ Pièce inconnue et qui n'a sans doute pas été représentée.
5. ↑ Benserade.

6. ↑ Le titre complet de l'ouvrage est : le Parnasse ou la critique des poètes, par de la Pinelière, angevin, dédié à Monseigneur le marquis du Bellay. À Paris, chez Toussaint Quinet... M.DC.XXXV. In-8. Avec privilège du Roi. — Ce privilège ne se trouve point, non plus que l'achevé d'imprimer, dans l'exemplaire qui est à la bibliothèque de l'Arsenal, le seul que nous ayons pu voir.

À MONSIEUR P. T. N. G.[1]

Monsieur,

Je vous donne *Médée*, toute méchante qu'elle est, et ne vous dirai rien pour sa justification. Je vous la donne pour telle que vous la voudrez prendre, sans tâcher à prévenir ou violenter vos sentiments par un étalage des préceptes de l'art, qui doivent être fort mal entendus et fort mal pratiqués quand ils ne nous font pas arriver au but que l'art se propose. Celui de la poésie dramatique est de plaire, et les règles qu'elle nous prescrit ne sont que des adresses pour en faciliter les moyens au poète, et non pas des raisons qui puissent persuader aux spectateurs qu'une chose soit agréable quand elle leur déplaît. Ici vous trouverez le crime en son char de triomphe, et peu de personnages sur la scène dont les mœurs ne soient plus mauvaises que bonnes ; mais la peinture et la poésie ont cela de commun, entre beaucoup d'autres choses, que l'une fait souvent de beaux portraits d'une femme laide, et l'autre de belles imitations d'une action qu'il ne faut pas imiter. Dans la portraiture, il n'est pas question si un visage est beau, mais s'il ressemble ; et dans la poésie, il ne faut pas considérer si les mœurs sont vertueuses, mais si elles sont pareilles à celles de la personne qu'elle introduit. Aussi nous décrit-elle indifféremment les bonnes et les mauvaises actions, sans nous proposer les dernières pour exemple ; et si elle nous en veut faire quelque horreur, ce n'est point par leur punition, qu'elle n'affecte pas de nous faire voir, mais par leur laideur, qu'elle s'efforce de nous représenter au naturel. Il n'est pas besoin d'avertir ici le public que celles de cette tragédie ne sont pas à imiter : elles paraissent assez à découvert pour n'en faire envie à personne. Je n'examine point si elles sont vraisemblables ou non : cette difficulté, qui est la plus délicate de la poésie, et peut-être la moins entendue, demanderait un discours trop long pour une épître : il me suffit qu'elles sont autorisées ou par la vérité de l'histoire, ou par l'opinion commune des anciens. Elles vous ont agréé autrefois sur le théâtre ; j'espère qu'elles vous satisferont encore aucunement sur le papier, et demeure,

     MONSIEUR,
        Votre très humble serviteur,
            CORNEILLE.

---

1. ↑ On ignore complètement qui ces initiales désignent. Dans l'impression de 1657, l'ordre est un peu différent : « À Monsieur P. T. G. N. » Cette épître dédicatoire n'est que dans les éditions antérieures à 1660.

EXAMEN.

Cette tragédie a été traitée en grec par Euripide, et en latin par Sénèque ; et c'est sur leur exemple que je me suis autorisé à en mettre le lieu dans une place publique, quelque peu de vraisemblance qu'il y ait à y faire parler des rois, et à y voir Médée prendre les desseins de sa vengeance. Elle en fait confidence, chez Euripide, à tout le chœur, composé de Corinthiennes sujettes de Créon, et qui devaient être du moins au nombre de quinze, à qui elle dit hautement qu'elle fera périr leur roi, leur princesse et son mari, sans qu'aucune d'elles ait la moindre pensée d'en donner avis à ce prince.

Pour Sénèque, il y a quelque apparence qu'il ne lui fait pas prendre ces résolutions violentes en présence du chœur, qui n'est pas toujours sur le théâtre, et n'y parle jamais aux autres acteurs ; mais je ne puis comprendre comme, dans son quatrième acte, il lui fait achever ses enchantements en place publique ; et j'ai mieux aimé rompre l'unité exacte du lieu, pour faire voir Médée dans le même cabinet où elle a fait ses charmes, que de l'imiter en ce point.

Tous les deux m'ont semblé donner trop peu de défiance à Créon des présents de cette magicienne, offensée au dernier point, qu'il témoigne craindre chez l'un et chez l'autre, et dont il a d'autant plus de lieu de se défier, qu'elle lui demande instamment un jour de délai pour se préparer à partir, et qu'il croit qu'elle ne le demande que pour machiner quelque chose contre lui, et troubler les noces de sa fille.

J'ai cru mettre la chose dans un peu plus de justesse, par quelques précautions que j'y ai apportées : la première, en ce que Créuse souhaite avec passion cette robe que Médée empoisonne, et qu'elle oblige Jason à la tirer d'elle par adresse ; ainsi, bien que les présents des ennemis doivent être suspects, celui-ci ne le doit pas être, parce que ce n'est pas tant un don qu'elle fait qu'un payement qu'on lui arrache de la grâce que ses enfants reçoivent ; la seconde, en ce que ce n'est pas Médée qui demande ce jour de délai qu'elle emploie à sa vengeance, mais Créon qui le lui donne de son mouvement, comme pour diminuer quelque chose de l'injuste violence qu'il lui fait, dont il semble avoir honte en lui-même ; et la troisième enfin, en ce qu'après les défiances que Pollux lui en fait prendre presque par force, il en fait faire l'épreuve sur une autre, avant que de permettre à sa fille de s'en parer. L'épisode d'Ægée n'est pas tout à fait de mon invention ; Euripide l'introduit en son troisième acte, mais seulement comme un passant à qui Médée fait ses plaintes, et qui l'assure d'une retraite chez lui à Athènes, en considération d'un service qu'elle promet de lui rendre. En quoi je trouve deux choses à dire : l'une, qu'Ægée, étant dans la cour de Créon, ne parle point du tout de le voir ; l'autre, que, bien qu'il promette à Médée de la recevoir et protéger à Athènes après qu'elle se sera vengée, ce qu'elle fait dès ce jour-là même, il lui témoigne toutefois qu'au sortir de Corinthe il va trouver Pitthéus à Trézène, pour consulter avec lui sur le sens de l'oracle qu'on venait de lui rendre à Delphes, et qu'ainsi Médée serait demeurée en assez mauvaise posture dans Athènes en l'attendant, puisqu'il tarda manifestement quelque temps chez Pitthéus, où il fit l'amour à sa fille Aethra, qu'il laissa grosse de Thésée, et n'en partit point que sa grossesse ne fût constante. Pour donner un peu plus d'intérêt à ce monarque dans l'action de cette tragédie, je le fais amoureux de Créuse, qui lui préfère Jason, et je porte ses ressentiments à l'enlever, afin qu'en cette entreprise, demeurant prisonnier de ceux qui la sauvent de ses mains, il ait obligation à Médée de sa délivrance, et que la reconnaissance qu'il lui en doit l'engage plus fortement à sa protection, et même à l'épouser, comme l'histoire le marque. Pollux est de ces personnages protatiques qui ne sont introduits que pour écouter la narration du sujet. Je pense l'avoir déjà dit, et j'ajoute que ces personnages sont d'ordinaire assez difficiles à imaginer dans la tragédie, parce que les événements publics et éclatants dont elle est composée sont connus de tout le monde, et que s'il est aisé de trouver des gens qui les sachent pour les raconter, il n'est pas aisé d'en trouver qui les ignorent pour les entendre ; c'est ce qui m'a fait avoir recours à cette fiction, que Pollux, depuis son retour de Colchos, avait toujours été en Asie, où il n'avait rien appris de ce qui s'était passé dans la Grèce, que la mer en sépare. Le contraire arrive en la comédie : comme elle n'est que d'intrigues particulières, il n'est rien si facile que de trouver des gens qui les ignorent ; mais souvent il n'y a qu'une seule personne qui les puisse expliquer : ainsi l'on n'y manque jamais de confidents quand il y a matière de confidence. Dans la narration que fait Nérine au quatrième acte, on peut considérer que quand ceux qui écoutent ont quelque chose d'important dans l'esprit, ils n'ont pas assez de patience pour écouter le détail de ce qu'on leur vient raconter, et que c'est assez pour eux d'en apprendre l'événement en un mot ; c'est ce que fait voir ici Médée, qui, ayant su que Jason a arraché Créuse à ses ravisseurs, et pris Ægée prisonnier, ne veut point qu'on lui explique comment cela s'est fait. Lorsqu'on a affaire à un esprit tranquille, comme Achorée à Cléopâtre dans la Mort de Pompée, pour qui elle ne s'intéresse que par un sentiment d'honneur, on prend le loisir d'exprimer toutes les particularités ; mais avant que d'y descendre, j'estime qu'il est bon, même alors, d'en dire tout l'effet en deux mots dès l'abord. Surtout, dans les narrations ornées et pathétiques, il faut très soigneusement prendre garde en quelle assiette est l'âme de celui qui parle et de celui qui écoute, et se passer de cet ornement, qui ne va guère sans quelque étalage ambitieux, s'il y a la moindre apparence que l'un des deux soit trop en péril, ou dans une passion trop violente pour avoir toute la patience nécessaire au récit qu'on se propose. J'oubliais à remarquer que la prison où je mets Ægée est un spectacle désagréable, que je conseillerais d'éviter ; ces grilles qui éloignent l'acteur du spectateur, et lui cachent toujours plus de la moitié de sa personne, ne manquent jamais à rendre son action fort languissante. Il arrive quelquefois des occasions indispensables de faire arrêter prisonniers sur nos théâtres quelques-uns de nos principaux acteurs ; mais alors il vaut mieux se contenter de leur donner des gardes qui les suivent, et n'affaiblissent ni le spectacle ni l'action, comme dans Polyeucte et dans Héraclius. J'ai voulu rendre visible ici l'obligation qu'Ægée avait à Médée ; mais cela se fût mieux fait par un récit. Je serai bien aise encore qu'on remarque la civilité de Jason envers Pollux à son départ : il l'accompagne jusque hors de la ville ; et c'est une adresse de théâtre assez heureusement pratiquée pour l'éloigner de Créon et Créuse mourants, et n'en avoir que deux à la fois à faire parler. Un auteur est bien embarrassé quand il en a trois, et qu'ils ont tous trois une assez forte passion dans l'âme pour leur donner une juste impatience de la pousser au-dehors ; c'est ce qui m'a obligé à faire mourir ce roi malheureux avant l'arrivée de Jason, afin qu'il n'eût à parler qu'à Créuse ; et à faire mourir cette princesse avant que Médée se montre sur le balcon, afin que cet amant en colère n'ait plus à qui s'adresser qu'à elle ; mais on aurait eu lieu de trouver à dire qu'il ne fût pas auprès de sa maîtresse dans un si grand malheur, si je n'eusse rendu raison de son éloignement. J'ai feint que les feux que produit la robe de Médée, et qui font périr Créon et Créuse, étaient invisibles, parce que j'ai mis leurs personnes sur la scène dans la catastrophe. Ce spectacle de mourants m'était nécessaire pour remplir mon cinquième acte, qui sans cela n'eût pu atteindre à la longueur ordinaire des nôtres ; mais à dire le vrai, il n'a pas l'effet que demande la tragédie, et ces deux mourants importunent plus par leurs cris et par leurs gémissements, qu'ils ne font pitié par leur malheur. La raison en est qu'ils semblent l'avoir mérité par l'injustice qu'ils ont faite à Médée, qui attire si bien de son côté toute la faveur de l'auditoire, qu'on excuse sa vengeance après l'indigne traitement qu'elle a reçu de Créon et de son mari, et qu'on a plus de compassion du désespoir où ils l'ont réduite, que de tout ce qu'elle leur fait souffrir. Quant au style, il est fort inégal en ce poème : et ce que j'y ai mêlé du mien approche si peu de ce que j'ai traduit de Sénèque, qu'il n'est point besoin d'en mettre le texte en marge pour faire discerner au lecteur ce qui est de lui ou de moi. Le temps m'a donné le moyen d'amasser assez de forces pour ne laisser pas cette différence si visible dans le Pompée, où j'ai beaucoup pris de Lucain, et ne crois pas être demeuré fort au-dessous de lui quand il a fallu me passer de son secours.